D1649076

MADRID

ALEJANDRO CASONA

LOS ÁRBOLES
MUEREN DE PIE

Prólogo de Mauro ARMIÑO

BIBLIOTECA EDAF

151

ISBN: 84-7166-888-2
Depósito Legal: M. 27.986-1989

IMPRESO EN ESPAÑA   PRINTED IN SPAIN

Impreso por Cofás, S. A. Polígono Industrial Callfersa, nave 8. Fuenlabrada.

ÍNDICE

PRÓLOGO

Si hay dos características esenciales en el teatro de Casona, la realidad y la fantasía —aunque parezcan oponerse— constituyen la médula de su dramaturgia. Porque la mayoría de sus piezas se articulan en torno a esos dos núcleos que, mezclándose, refrenándose, contradiciéndose y negándose terminan por configurar la unidad de pensamiento —aunque quizá fuera mejor decir de *mensaje*— de este autor dramático. El término *mensaje* se ha devaluado últimamente y anda marchito y vergonzante por los manuales literarios. Pero su desfase actual no impide que haya sido *leiv-motiv* dominante, en líneas generales, de buena parte de los escritores de nuestro siglo. Y si además nos situamos como espectadores en una butaca de teatro a partir de los años treinta —*La Sirena varada*, primera pieza de Casona, se estrena en 1934— cuando se había difundido por toda Europa la vieja pretensión de Rimbaud de «cambiar la vida», aireada como consigna en la década de los veinte por los surrealistas, podemos ver que la escena era un púlpito espléndido de difusión de ideas.

El teatro de finales del siglo diecinueve, tras romper con los románticos, había consagrado la escena como *cátedra* laica de educación —aunque todos ponían un fanático fuego religioso en su empleo: el gran teatro de Ibsen había abierto con hondura esa vía —que los dramaturgos naturalistas ocuparían con desigual fortuna. En España, Benavente, dando un paso más allá de las endebles tramas y las aguadas consejas morales de Echegaray, sólo consiguió sentar las bases de un teatro de ideas escasamente válido para sus herederos. Valle Inclán, gran roturador de nuevos caminos escénicos, quedó al margen de la evolución: ni influyó en su momento ni fue claramente comprendido ni representado. Su fuerza expresiva, su arrollador lenguaje, su diferente concepción de lo teatral, del juego escénico, eran tan propios que no había posibilidad de herederos. El tercer dramaturgo, más cercano ya en el tiempo y en la visión del mundo a Casona, Federico García Lorca, tampoco seguiría la vía didáctica: D'Annunzio y Synge sobre todo le habían dado las pautas de un teatro distinto, eminentemente poético, brotado de un surgimiento trágico de la emoción que no tenía por qué conllevar superficialmente lección magistral ni moraleja: su enfoque era otro como otra era su meta. Pero Lorca sí iba a dejar en Casona una huella parcial: la poetización estilizada de los elementos, un lenguaje sembrado de metáforas, los movimientos de coro de un pueblo en fiesta, la simbolización de los personajes fueron modelos que, en parte, Casona utilizó, sobre todo en la obra mejor, según el propio autor, de todas las suyas: *La Dama del alba*. Aunque en ésta esos elementos se dan concentrados, no puede olvidarse que en la primera época del teatro de Casona ya hay rasgos significativos de un teatro distinto al benaventino, con un lenguaje cuidado donde la metáfora aparece de modo sorpresivo, en los ambientes menos propicios incluso para ello.

Hay más datos diferenciadores entre el teatro de Casona y los últimos dramaturgos del modernismo, Benavente, Marquina, etc., aunque la base sea semejante y esté afincada en las premisas de la generación del 98, aquel intento por cambiar España que no era sino la sombra tardía de aquel fantasma de «cambiar de vida» que también recorría Europa. Un teatro de tesis, de ideas, que sembrara educación, formas de vida, formas de pensamiento. En Casona este didactismo no se da con grosería, sino que subyace envuelto en el magma de su idealización poética: en la obra en que aparece con mayor nitidez y descaro, *Nuestra Natacha,* teatro plenamente de ideas en medio de una España acelerada en ese momento histórico hacia un programa redentorista, la envoltura no deja de llevar el sello casoniano: el toque levemente poético, levemente fantasioso y armónico de la base teatral que sirve de cuerpo, de encarnadura a la tesis.

Los árboles mueren de pie se estrena en 1949, a quince años de la presentación del dramaturgo y en la misma trayectoria de *La Sirena varada* con esa característica mezcla de fantasía y realidad; sin la lección moral de *Nuestra Natacha, Prohibido suicidarse en primavera* se articulará también en esa amalgama, aunque esta obra amable refuerce el contenido ideológico —casi ausente en *La Sirena varada*— con una prédica en favor de la vida, del amor, con desenlace beatífico; tiene, *Prohibido suicidarse en primavera,* más de un punto en común con *Los árboles mueren de pie;* la obra inmediatamente anterior, *La barca sin pescador,* va a presentar siguiendo esa línea un modelo de revulsivo ético frente a la frialdad, a la mecanización y a la maldad del mundo contemporáneo, en el personaje protagónico, en Ricardo Jordán. La trayectoria es nítida por tanto: mundo tocado de fantasía por un lado; por otro, personajes que ejemplifican una idea moral, que desde escena pretenden mostrar, demostrar, al espectador el bien, la belleza, la vida en su expresión más genuina, bondadosa y maravillosa: orientar hacia el sendero de las fuentes cristalinas y limpias de una vida mejor.

En *Los árboles mueren de pie* no tenemos, entroncado al eje de la acción, el hilo plenamente trágico que es el punto de partida de *La Barca sin pescador.* Estamos, como en *Prohibido suicidarse en primavera,* en un mundo escénico amable: precisamente toda la acción gira en el rechazo del elemento perturbador de un mundo feliz; en la fantasía como remedio y bálsamo para una vieja herida. Y es tal el milagro del remedio que cuando en el desenlace la realidad aparezca con toda su brutalidad, el personaje

11

más débil ha elegido ya el camino más digno y es ella misma, la abuela, quien rechaza al nieto criminal y maleante cuya sombra ha planeado sobre la escena y que, sin saberlo, ha sido el motor para la creación del falso mundo de fantasía creado en su antiguo hogar.

Si he afirmado que *Los árboles mueren de pie* tienen en común con *Prohibido suicidarse en primavera* su «amabilidad» y que carece del elemento trágico que invade desde el primer cuadro *La Barca sin pescador,* no por ello ha de suponerse que la obra que aquí nos ocupa esté exenta de tensión interna. Efectivamente, no se enfrentan aquí los dos mundos de *La Barca sin pescador:* el falso e hipócrita de las finanzas que Casona anatematiza mostrando la sangre con que está manchado el dinero, y el sencillo pueblo de pescadores en que el financiero Ricardo Jordán se redime gracias al amor: ahí son dos realidades contrapuestas; pero, en la línea de *Prohibido suicidarse en primavera*, más comedia reflexiva que drama trágico, *Los árboles* juega con la fantasía y la realidad al teatro. Estamos, y se ve desde la primera escena, ante una ejemplificación del teatro dentro del teatro, no al modo pirandelliano sino instrumentando unos elementos del vodevil que reciben su altura precisamente de los conceptos poéticos subyacentes.

Por otro lado, la complejidad de *Los árboles* produce un entrecruzamiento de esos mundos que nunca son puros: en la obra hay de hecho dos tramas, cada una de las cuales tiene mezcla de realidad y de fantasía. El ámbito de la acción es, como suele en Casona, un espacio conceptualmente cerrado: en el primer acto, una espécie de club de misiones estrambóticas (como el estrambótico sanatorio para suicidas de *Prohibido suicidarse*), que da lugar a la coexistencia de hechos dispares: bajo la frialdad del espacio, la mecanización aparente, de la contabilidad en que están enmarcados los engañosos personajes, la calidez de intenciones humanitarias de esa oficina cuya misión consiste en alegrar a los tristes, dar satisfacción a los insatisfe-chos, consolar a los malaventurados, prestar cobijo a los solos, desviar las intenciones de los suicidas: en otros términos, deshacer entuertos de casos individuales lleva-dos a límites extremos, en los que las nociones de justicia o injusticia no entran en juego.

La aparente deshumanización de las primeras escenas, termina dejando su hielo: la acción concluirá dando sen-tido a esos personajes disparatados que se camuflan bajo un número y usan disfraces constantes, permitiendo el equívoco en el espectador: el suspense, casi de intriga policíaca, no tarda en desvelarse, para ponernos ante una rígida organización humanitaria que tiene por misión fundamental insertar una gota de fantasía en las monóto-nas vidas cotidianas: protectores de cazadores pobres que sueltan conejos para que éstos los cacen; insufladores de esperanza para marineros de tierras lejanas que encuen-tran, al entrar a puerto, las canciones de su país; ladrones de muchachos descarriados y delincuentes primerizos, a los que quitan el producto de sus malandanzas añadiendo incitaciones a seguir el buen camino; imitadores de pája-ros que con su canto enternecen al duro juez en trance de firmar una pena de muerte...

No es, la casa, una institución de caridad ni de benefi-cencia, sino una ministradora de fantasía y de aliento:

MAURICIO.—... ¿Por qué encerrar siempre la poesía en los libros y no llevarla al aire libre, a los jardines y a las calles?

Aquí van a presentarse dos personajes a la búsqueda de solución para sus problemas: la primera, una joven en situación desesperada, a la que un ramo de rosas y una palabra, «Mañana» han detenido en su designio suicida; en *Prohibido suicidarse en primavera* y en *Siete gritos en el mar* aparece ese mismo personaje que no puede soportar la soledad y es salvado en el último momento:

13

ISABEL.—Estaba desesperada..., ¡no podía más! Nunca tuve una casa, ni un hermano, ni siquiera un amigo. Y sin embargo esperaba..., esperaba en aquel cuartucho de hotel, sucio y frío. Ya ni siquiera pedía que me quisieran; me hubiera bastado alguien a quien querer yo. Ayer, cuando perdí mi trabajo, me sentí de pronto tan fracasada, tan inútil. Quería pensar en algo y no podía; sólo una idea estúpida me bailaba en la cabeza: «no vas a poder dormir..., no vas a poder dormir». Fue entonces cuando se me ocurrió comprar el veronal. Seguramente las calles estaban llenas de luces y de gente como otras noches, pero yo no veía a nadie. Estaba lloviendo, pero yo no me di cuenta hasta que llegué a mi cuarto tiritando. Hasta aquel pobre vaso en que revolvía el veronal tenía rajado el vidrio. Y la idea estúpida iba creciendo: «Por qué una noche sola...?» «¿Por qué no dormirlas todas de una vez?» Algo muy hondo se rebelaba dentro de mi sangre mientras volcaba en el vaso el tubo entero; pero ni un clavo adonde agarrarme; ni un recuerdo, ni una esperanza... Una mujer terminada antes de empezar...

El segundo —aunque su orden de aparición no sea ése— es un anciano cuya rocambolesca historia llena de fantasía —de hecho es un miembro de la casa *avant la lettre*— se ha complicado tanto que la trama de su tejido va a deshilvanarse y sumir a su esposa en la desnudez cruda de los hechos: el nieto tan querido es un maleante y no el arquitecto feliz y dichoso que en la lejana Australia se ha casado y vuelve ahora de visita al hogar del que fue expulsado hace años. El embuste de las falsas cartas que el propio señor Balboa escribía para engañar la ilusión de su esposa va a quedar al descubierto: volvía no el arquitecto sino el maleante, pero el barco se ha hundido. La noticia de su muerte sería mortal para la abuela, y nuestro personaje decide requerir los servicios de la casa para proseguir la ficción.

La resolución de este planteamiento es obvia: serán la joven recién apartada de la dura realidad y del suicidio y el director de la extravagante casa quienes, haciéndose pasar por el nieto y su esposa, tratarán de recrear mediante la fantasía una fingida realidad. En el segundo acto Casona no hace que este planteamiento avance externamente: nos introduce en la esencia de cada personaje: mediante el juego escénico, concentrado en la expresión de sentimientos. La abuela, con su nostalgia y el recuerdo de aquel nieto que se fue, vive una realidad propia, de afloramiento de un pasado: cegada por la pasión acepta al desconocido por nieto suyo y revive con los detalles de una juventud que Mauricio, adoctrinado por el señor Balboa, recita de memoria: pone en su trabajo lo que él llama el arte: es un apasionado de la imitación, de la substitución de lo real por lo imaginado y se empeña en la usurpación de la personalidad del nieto convencido de que tiene mayor interés el arte que la vida:

> MAURICIO.—... Un simple animal, por maravilloso que sea, no puede compararse nunca con un artista.

Isabel, sin embargo, no aparta los pies de «su» realidad. No finge ni actúa, vive: está viviendo su papel de forma real, y de falsa esposa de Mauricio pasa a convertirse en enamorada de Mauricio. Hay un incidente nimio durante la «interpretación»: en un quite a su compañero escénico, y para concentrar sobre ella la atención de la abuela, no se le ocurre otra cosa que romper una copa y herirse la mano. Cuando Mauricio la aplaude por esa salida de gran arte pensando que se ha pintado la sangre con barra de labios, ella afirma la verdad de su herida, de su modo de sentir el mundo:

> ISABEL.—... Una mentira hay que inventarla; en cambio la verdad es tan fácil.
> [...]
> MAURICIO.—Tienes demasiado corazón. Nunca serás una verdadera artista.
> ISABEL.—Gracias. Es lo mejor que me has dicho esta noche.

El desenlace de este planteamiento resulta lógico conociendo el teatro de Casona. Isabel atraerá a Mauricio del arte a la vida real por medio del amor. Rematarán la fantasía humanitaria para luego adentrarse por la realidad de la vida en común, una vez que Mauricio, bajado de su nube «artista», se dé cuenta del proceso seguido por el personaje femenino.

En el tercer acto Casona concentra los desenlaces de las dos tramas invirtiendo irónicamente incluso los ilusos planteamientos del director de ese club de felicidad. El dramaturgo se había guardado una carta bajo el desarrollo amable de los dos primeros actos: de improviso aparece el nieto auténtico, que va a estragar el fantasioso castillo de naipes de los unos y la felicidad de unos días de la abuela. Viene dispuesto a todo, al chantaje: él mismo pone precio a la vida de la abuela, que moriría al comprender la realidad de su vida encanallada. Los falsos nietos, por su parte, deciden poner término a su estancia dejando a la abuela el regusto de la felicidad, y se hacen llamar por un cable desde Australia. Pero parten desesperados: la experiencia no ha aportado en principio nada a los dos mundos: Isabel prefiere su anterior soledad a la mentira de la ficción:

ISABEL.—... Y sin embargo, ésa es la gran lección que he aprendido aquí. Mi cuarto era estrecho y pobre, pero no hacía falta más: era mi talla. En el invierno entraba el frío por los cristales, pero era un frío limpio, ceñido a mí como un vestido de casa. Tampoco había rosas en la ventana; sólo unos geranios cubiertos de polvo. Pero todo a medida, y todo mío: mi pobreza, mi frío, mis geranios... [...] Siete días duró el sueño, y aquí tienes el resultado: ahora ya sé que mi soledad va a ser más difícil, y mis geranios más pobres, y mi frío más frío. Pero son mi única verdad, y no quiero volver a soñar nunca por no tener que despertar otra vez.

Evidentemente la respuesta de Mauricio sólo puede ser

una: el mundo de ficción es rechazado como elemento en el que únicamente sobrenada la debilidad.

Mas la segunda trama continúa, y ninguno de los personajes puede impedir la entrevista entre el OTRO y la ABUELA, sabedora ya de la farsa. Y es ella la que se alza contra la verdad, sin esquivarla, enfrentándose cara a cara con el nieto, al que expulsará de casa aplicándole la ley que él quería para ella:

> ABUELA.—... Ni un centavo por esa piel que no tiene dentro nada mío.
> OTRO.—¿Vas a dejarme morir en la calle como un perro?
> ABUELA.—¿No es tu ley? Ten por lo menos la dignidad de caer en ella.

En un acceso de dignidad humana, la abuela se ha rebelado contra los sentimientos, contra el sobrino. Pero, ido éste, será ella quien haga continuar la ficción para que «los muchachos» no sepan la verdad y crean que la farsa se ha completado con éxito, dejando en la abuela la ilusión de la mentira. Y el personaje blando se yergue entonces «muerta por dentro, pero de pie. Como un árbol», para pagar con la moneda de la ilusión, aunque falsa, la ilusión que habían querido darle los bienintencionados inquilinos de la casa de la felicidad.

Como puede verse, el lector o el espectador recibe una tesis, tiene la sensación de hallarse en una clase de teología sin *theos*, en una clase de antropología filosofal a pequeña escala. Y es porque los ejemplos de Casona no son sociales, sino ejemplos individuales abstractos, y porque sus individuos escénicos no poseen el conceptualismo suficiente para cargar sobre sus espaldas un mito representativo, un *epos* comunitario. Ahondan en «casos», en ejemplos concretos para ofrecer como propuesta la poesía para la vida cotidiana, la búsqueda de la tranquilidad y de la paz una vez superados los leves conflictos de ajuste caracterológico con la realidad de los demás.

Mauro ARMIÑO

BIBLIOGRAFÍA DE ALEJANDRO CASONA *

a) Obras

La sirena varada, Madrid, 1934.
Otra vez el diablo, Madrid, 1935.
Nuestra Natacha, Madrid, 1936.
Prohibido suicidarse en primavera, México, 1937.
Romance en tres noches, Caracas, 1938.
Sinfonía inacabada, Montevideo, 1940.
Las tres perfectas casadas, Buenos Aires, 1941.
La dama del alba, Buenos Aires, 1944.
La barca sin pescador, Buenos Aires, 1945.
La molinera de Arcos, Buenos Aires, 1947.
Los árboles mueren de pie, Buenos Aires, 1949.
La llave en el desván, Buenos Aires, 1951.
Siete gritos en el mar, Buenos Aires, 1952.
La tercera palabra, Buenos Aires, 1953.
Corona de amor y muerte, Buenos Aires, 1955.
La casa de los siete balcones, Buenos Aires, 1957.
Tres diamantes y una mujer, Buenos Aires, 1961.
El caballero de las espuelas de oro, Madrid, 1964.

b) Estudios

J. RODRÍGUEZ RICHART, *Vida y teatro de Alejandro Casona*, Oviedo, 1963.
Esperanza GURZA, *La realidad caleidoscópica de Alejandro Casona*, Oviedo, 1968.
Federico Carlos SAINZ DE ROBLES, «Prólogo» a *Obras completas*, de Alejandro Casona, Madrid, 1954.

* La fecha es la de su estreno, en la ciudad citada.

José A. BALSEIRO y J. RIIS OWRE, «Introduction» a la edición de *La barca sin pescador*, New York, 1960.

Juan RODRÍGUEZ CASTELLANOS, «Introduction» a la edición de *Los árboles mueren de pie*, New York, 1961.

H. LEIGHTON, «Alejandro Casona and the significance of Dreams», en *Hispania*, XLIV, 1962, pp. 697-703.

LOS ÁRBOLES
MUEREN DE PIE

COMEDIA EN TRES ACTOS

PERSONAJES:

MARTA-ISABEL
LA ABUELA
GENOVEVA
HELENA (secretaria)
FELISA (doncella)
AMELIA (mecanógrafa)
MAURICIO
SEÑOR BALBOA
EL OTRO
EL PASTOR-NORUEGO
EL ILUSIONISTA
EL CAZADOR
EL LADRÓN DE LADRONES

(Esta obra fue estrenada en el Teatro Ateneo de Buenos Aires por la compañía Esteban Serrador-Luisa Vehil, el 1.º de abril de 1949.)

ACTO PRIMERO

A primera vista estamos en una gran oficina moderna, del más aséptico capitalismo funcional. Archivos metálicos, ficheros giratorios, teléfonos, audífonos y toda la comodidad mecánica. A la derecha —del actor—, la puerta de secretaría; a la izquierda, primer término, la puerta de la dirección. Segundo término, salida privada. La mitad derecha del foro está ocupada por una librería. La izquierda, en medio arco, cerrada por una espesa cortina, que al correrse descubre un vestuario amontonado de trajes exóticos y una mesita con espejo alumbrado en los bordes, como en un camarín de teatro.

En contraste con el aspecto burocrático hay acá y allá un rastro sospechoso de fantasía: redes de pescadores, carátulas, un maniquí descabezado con manto, un globo terráqueo, armas inútiles, mapas coloristas de países que no han existido nunca; toda esa abigarrada promiscuidad de las almonedas y las tiendas de anticuario.

En lugar bien visible, el retrato del Doctor Ariel, con una sonrisa bonachona, su melena blanca y su barba entre artística y apostólica.

Al levantarse el telón la Mecanógrafa busca afanosamente algo que no encuentra en los ficheros. Consulta una nota y vuelve a remover fichas, cada vez más nerviosa. Entra Helena, la secretaria, madura de años y de autoridad, con sus carpetas que ordena mientras habla.

HELENA.—¿Qué, sigue sin encontrarla?

MECANÓGRAFA.—Es la primera vez que me ocurre una cosa así. Estoy segura de que esa ficha la extendí yo misma; el fichero está ordenado matemáticamente y soy capaz de encontrar lo que se me pida con los ojos cerrados. No comprendo cómo ha podido desaparecer.

HELENA.—¿No estará equivocada la nota?

MECANÓGRAFA.—Imposible; es de puño y letra del

ALEJANDRO CASONA

jefe. *(Tendiéndosela.)* 4-B-43. No puede haber ningún error.

HELENA.—Hay dos.

MECANÓGRAFA.—¿Dos?

HELENA.—Primero, no pronuncie nunca aquí la palabra jefe; parece otra cosa. Diga simplemente director. Y segundo, ¿cómo quiere encontrar a una muchacha de diecisiete años en las fichas azules? Hasta cumplir la mayor edad van en cartulina blanca.

MECANÓGRAFA.—Dios mío, ¡pero dónde tengo la cabeza hoy!

HELENA.—Mucho cuidado con eso; tratándose de menores la ley es inflexible.

MECANÓGRAFA.—Siempre se me olvida ese detalle del color.

HELENA.—Recuerde que en esta casa cualquier pequeño detalle puede ser una catástrofe. Muchas vidas están pendientes de nosotros, pero el camino está lleno de peligro; y lo mismo podemos merecer la gratitud de la humanidad que ir a parar todos a la cárcel esta misma noche. No lo olvide.

MECANÓGRAFA.—Perdón. Le prometo que no volverá a ocurrir.

HELENA.—Así lo espero. Y ahora, a ver si es verdad esa seguridad de sus manos. Póngase ante el fichero de menores con los ojos cerrados y déme el 4-B-43.

MECANÓGRAFA.—¿Es éste?

HELENA.—Muy bien; la felicito. *(Lee.)* «Ernestina Pineda. Padre desconocido y madre demasiado conocida. Abandono del hogar. Peligro. Urgente. Véase modelo H-4. *(Busca en sus carpetas repitiendo.)* Modelo H-4..., modelo H-4, H-4. *(Un vistazo y frunce el ceño.)* ¡Ajá! Por lo visto es grave. *(Toma unas notas rápidas en su bloc.)*

MECANÓGRAFA.—¿Puedo hacerle una pregunta? Ya sé que no se debe, pero a mí me ocurrió algo parecido y estoy muerta de curiosidad.

24

HELENA.—Acostúmbrese a obedecer sin preguntar; es mejor para todos. *(Arranca la hoja del bloc y se la da con la ficha y la carpeta.)* Tres copias en seguida y pase la consigna a estas tres direcciones. *(La Mecanógrafa va a salir.)* Otra cosa; si llega una muchacha de ojos tristes, con boina a la francesa y tarjeta azul, hágala pasar inmediatamente.

MECANÓGRAFA.—¿La del ramo de rosas?

HELENA.—¿Cómo lo sabe?

MECANÓGRAFA.—No fue culpa mía; lo oí, sin querer, cuando se lo estaba diciendo el jefe.

HELENA.—Director.

MECANÓGRAFA.—Disculpe. *(Sale.)*

(La Secretaria se sienta a ordenar papeles y tomar notas. Entra, de secretaría, el Pastor protestante; un tipo demasiado perfecto para ser verdadero. Viene de un humor nada evangélico.)

HELENA Y PASTOR

PASTOR.—Esto ya es demasiado. ¡Protesto! Respetuosamente, pero protesto.

HELENA *(sin abandonar su trabajo).*—¿Otra vez?

PASTOR.—Yo he sido llamado aquí como especialista en idiomas: nueve lenguas vivas y cuatro muertas, cuarenta años de estudios, cinto títulos universitarios... y total, ¿para qué? ¿Hasta cuándo me van a tener ocupado en trabajos inferiores?

HELENA.—¡Cómo! ¿A un problema de·conciencia, con dudas religiosas y en una dama escocesa, le llama usted un trabajo inferior?

PASTOR.—¡Pero otra solterona! Ya llevo cuatro en menos de una semana. Y si hay algo en este mundo que un solterón no puede soportar es una solterona.

HELENA.—Muy galante.

PASTOR.—No lo digo por usted. Usted no es una mujer.

HELENA.—Gracias.

PASTOR.—Quiero decir que es un amigo, un camarada. Por eso le hablo con el corazón en la mano. ¡Protesto, protesto y protesto! *(Se arranca una patilla; Helena se levanta.)*

HELENA.—Cálmese, reverendo.

PASTOR *(repentinamente alarmado mira en torno y baja la voz).*—¿Por qué me llama reverendo? ¿Hay alguien?

HELENA.—Nadie; tranquilícese.

PASTOR.—¡Ah! *(Se arranca la otra patilla.)*

HELENA.—Y cámbiese inmediatamente. *(Le tiende un papel.)* Tiene otra misión delicada para hoy.

PASTOR *(sin ilusión).*—Sí, ya sé. ¡Barco noruego a la vista! ¿Tengo que ser yo el que vaya al puerto?

HELENA.—No tenemos otro que conozca ese idioma. ¡Piense en la emoción de esos muchachos al escuchar tan lejos una vieja canción de su tierra!

PASTOR.—¡No irá a decirme que un trabajo así justifica cinco títulos universitarios!

HELENA *(dejando el tono amistoso para imponerse).*—Aquí nadie tiene el derecho de elegir sus consignas. ¡O se obedece a ciegas o se abandona la lucha!

PASTOR.—En fin…, todo sea por la causa.

> *(Deja resignado su Biblia y sus lentes. Corre la cortina descubriendo el vestuario, se quita la levita, y mientras sigue el diálogo va poniéndose una camiseta marinera y las altas botas de agua sobre el mismo pantalón.)*

HELENA.—¿Consiguió tranquilizar la conciencia de esa dama?

PASTOR.—¿Qué dama?

HELENA.—Mis Macpherson. La solterona escocesa.

PASTOR.—Ah, sí, supongo que sí. Era un caso corriente. ¿Por qué no iba a resultar?

HELENA.—No sé; temí que pudieran surgir complicaciones en la discusión religiosa. Como usted es católico y ella protestante...

PASTOR.—Para un profesor de idiomas eso no es dificultad: el protestantismo es un dialecto del catolicismo.

HELENA.—Entonces, si todo salió bien, ¿a qué viene ese mal humor?

PASTOR.—¿Le parece poco? Sólo se cuenta conmigo para trabajos de principiante. ¿Por qué no me dio parte en el golpe del Club Náutico? ¡Eh! ¿Por qué se me dejó fuera cuando el Baile de las Embajadas? ¡Eh! Allí había gente de todos los países. ¡Era mi gran oportunidad!

HELENA.—Esa noche nuestro interés no estaba en el salón de baile, sino en las cocinas. Una equivocación en el narcótico lo habría echado todo a rodar. ¿Alguna otra queja?

PASTOR.—Lo de los nombres. Pase que en el cumplimiento del deber se me llame el «F-48». Pero aquí dentro, entre compañeros...

HELENA.—Es mejor que nadie sepa el nombre de nadie. Puede prestarse a indiscreciones peligrosas.

PASTOR (ofendido).—¿Piensa que yo soy un delator?

HELENA.—Ni remotamente. Pero ¿qué pasaría si alguno de los nuestros, por una torpeza, cayera en manos de la policía? ¡Toda la organización descubierta!

PASTOR (se levanta convencido).—Ni una palabra más. ¿A qué hora llega ese maldito barco?

HELENA.—¿Por qué maldito?

PASTOR.—Quiero decir, ese dichoso barco.

HELENA.—¿Por qué dichoso? No lo diga con ese gesto. Sonría. Una buena sonrisa es la mitad de nuestro trabajo.

PASTOR.—Está bien. (Con una sonrisa que no le sale.)

¿A qué hora deben llorar esos muchachos noruegos oyendo las viejas canciones de su país?

HELENA.—Así, muy bien. (*Consulta su reloj.*) A las once. Tiene usted cuarenta minutos.

> (*El Pastor enciende las luces del espejo y se sienta a maquillarse. Uno de los libros se ilumina tres veces con una luz roja, al mismo tiempo que se oyen llamadas sordas de chicharra. Una parte de la librería comienza a abrirse lentamente hacia dentro descubriendo una entrada secreta. Pasa el Ilusionista; un tipo humildemente estrafalario, con una gran carrik anacrónica o levita larga. Trae en la mano un racimo de globos infantiles. La puerta se cierra sola tras él.*)

HELENA, PASTOR, ILUSIONISTA

ILUSIONISTA.—Salud, compañeros.

HELENA.—Salud.

ILUSIONISTA (*cuelga sus globos y pasa a dejar el sombrero de copa sobre la mesa*).—Dígame, señora, ¿esto de los globos es absolutamente necesario?

HELENA.—¿Es otra protesta?

ILUSIONISTA.—Pregunto, simplemente. Cada uno tiene el sentido de su profesión; y esto de los globitos, la verdad, no me parece digno de una organización seria ni de mí.

HELENA.—Ah, ¿usted también? Por lo visto ya empieza a filtrarse aquí la indisciplina. Pues no, señores, no; sin autoridad y obediencia no hay lucha posible. ¡Piénselo bien antes de dar un paso más!

ILUSIONISTA.—Yo no he hecho más que preguntar.

HELENA (*autoritaria*).—¡Ni eso! El que no esté dispuesto a entregarse a la causa con el alma entera tiene abierta la puerta. Sólo se le pedirá al salir el mismo juramento que se le pidió al entrar: silencio absoluto. ¿Tienen algo más que decir?

ILUSIONISTA.—Nada.

PASTOR. — Nada.
HELENA. — Gracias. *(Sale.)*

*(El Pastor, que ha completado su maquillaje con una sota-
barba roja, viene al centro de la escena poniéndose la zama-
rra. El Ilusionista se sienta aburrido. Mientras habla hace las
cosas más inesperadas con una naturalidad desconcertante:
cada vez que busca algo en sus inmensos bolsillos van apare-
ciendo enredados cintajos de colores, abanicos japoneses, fru-
tas, una flauta, un trompo de música. Lo más curioso es que ni
él hace el menor caso al Pastor mientras dialogan, ni el Pastor
muestra la menor extrañeza ante sus trucos pueriles. Hay
frente a frente un tono doctoral y una sorna plebeya resignada.)*

ILUSIONISTA Y PASTOR

PASTOR. — Cada día se está poniendo esto más duro. ¡Si
no fuera porque, en el fondo, somos unos idealistas!
ILUSIONISTA. — Le diré a usted; a mí los idealismos...
*(Aplasta contra el suelo su bastón y se lo guarda en el bol-
sillo.)*
PASTOR. — ¿Mucho trabajo?
ILUSIONISTA. — Nada; viejos, niños, criadas... ¡Mati-
née! *(Buscando algo saca una flauta en la que sopla un
acorde y la pasa al otro bolsillo.)* Y usted, ¿contento?
PASTOR. — Desarraigado. Yo he nacido para la Univer-
sidad. (Nostálgico.) La Sorbona, Oxford, Bolonia...
ILUSIONISTA. — Yo para el circo: Hamburgo, Marsella,
Barcelona... *(Repite el juego con unos pañuelos que al
deslizarse entre sus manos cambian de color.)*
PASTOR. — La biblioteca hasta el techo, la campana, el
claustro gótico...
ILUSIONISTA. — La vieja carpa de lona, los caminos...
PASTOR. — ¡Cuarenta años de estudiar sentado!
ILUSIONISTA. — ¡Cuarenta países a pie!
PASTOR. — En cambio ahora...

ILUSIONISTA.—A lo que hemos llegado, compañero. ¿Una banana?

PASTOR.—No, gracias. *(El Ilusionista pela y come filosóficamente la suya.)* Sé que tenemos una gran responsabilidad social. Pero esos nombres de espías... ¿Hay derecho a que un hombre como yo se llame el «F-48»?

ILUSIONISTA.—¿Y...? Yo soy el «X-31», y me aguanto.

PASTOR.—¿Pero no siente la angustia metafísica de estar muerto debajo de esa letra y ese número?

ILUSIONISTA.—Le diré a usted: a mí la angustia metafísica... *(Come.)*

PASTOR.—Mi nombre verdadero es Juan. Poca cosa, ¿verdad? ¡Pero humano, señor, humano! Millares de Juanes han escrito libros y han plantado árboles. Millones de mujeres han dicho alguna vez en cualquier rincón del mundo «te quiero, Juan». En cambio, ¿quién ha querido nunca al «F-48»? Juan sabe a pueblo y a eternidad: es el hierro, la madera de roble, el pan de trigo. «F-48» es el nylon.

(El Ilusionista termina de comer su banana y guarda la cáscara en el bolsillo.)

ILUSIONISTA.—A mí me gusta el nylon; es cómodo y barato. ¡El porvenir! *(Se limpia con un pañuelo rojo, que, al soltarlo, vuelve rápidamente a su sitio.)*

PASTOR.—¡No, no me diga que soy el único en sentir esta angustia! ¿Podría usted resignarse a ser eternamente el «X-31»?

ILUSIONISTA.—Cuesta un poco. La primera vez que me oí llamar así creí que estaban llamando a un submarino. *(Saca una especie de cigarrera que abre a resorte y se ilumina.)* ¿Un cigarrillo?

PASTOR.—Tengo que acostumbrarme a esta maldita pipa. *(El Ilusionista enciende con un fósforo que rasca en el codo.)* Y a cantar, y hasta a bailar si es preciso. ¡Pero ese nombre, ese nombre...! ¿Cómo pudo decir Guillermo que el nombre no significa nada? *(Recita.)*

«¡Montesco o no Montesco, tú eres tú!
En cambio un nombre ¿qué es? Ni pie ni mano
ni brazo ni semblante
ni cosa alguna que al hombre pertenezca.»
¡No estoy conforme!

ILUSIONISTA.—¿Con quién?

PASTOR.—Con Shakespeare.

ILUSIONISTA.—Le diré a usted; a mí Shakespeare...

(Se aprieta con el índice un oído soltando por el otro un largo chorrito de agua.)

PASTOR.—¡Pero a mí sí, a mí sí! Puedo recitar sus obras completas de memoria. Algún día hasta soñé con escribirlas parecidas. *(El Ilusionista lanza en el suelo un trompo de música.)* ¿Y en qué he venido a parar?

ILUSIONISTA *(mirándole por primera vez de frente).*—No somos nadie, hermano: usted, un catedrático sin cátedra; yo, un ilusionista sin ilusiones. Podemos tratarnos de tú.

(Recoge el trompo en la palma de la mano mirándole bailar. De pronto, oyendo la voz de la Secretaria, que se acerca, se incorpora y lo guarda imponiendo silencio. El Pastor cierra, apresuradamente, la cortina del vestuario. Entra Helena, con la muchacha de los ojos tristes y la boina a la francesa. Anticipadamente la llamaremos Isabel.)

DICHOS, HELENA E ISABEL

HELENA.—Pase, señorita. Es una verdadera alegría que se haya decidido a venir a vernos. ¿Tienen la bondad de dejarnos solas?

31

(El Pastor se inclina cortés; el Ilusionista, como en un saludo de pista. Recoge sus globos y se encamina a la segunda izquierda detrás del Pastor. Se aprieta la boca del estómago con el dedo haciendo un ruido de bocina. El Pastor le deja paso. Isabel los mira salir desconcertada.)

ISABEL Y HELENA

HELENA.—Siéntese, por favor.

ISABEL *(sin sentarse).*—¿Fue usted la que me llamó?

HELENA.—Yo no puedo tomar iniciativas; sólo obedezco órdenes. Pero estoy segura de que el señor director va a ser feliz cuando lo sepa. Un momento. *(Va al audífono.)* ¡Hola! ¿Dirección?

(Se oye en un audífono la voz del Director.)

VOZ.—Diga, Helena.

HELENA.—Tengo una gran noticia para usted.

VOZ.—Si quiere darme la mejor del día dígame que los ojos tristes que esperábamos acaban de llegar.

HELENA.—Efectivamente, aquí está.

VOZ.—Salúdela en mi nombre y dígale que en cuanto termine aquí tendré el mayor gusto en atenderla. De corazón.

HELENA.—A sus órdenes. *(Corta.)* ¿Ha oído?

ISABEL.—Realmente no sé cómo agradecerles... Pero ¿podría saber quién me llamó y para qué me han traído aquí?

HELENA.—El señor director le explicará. ¿No quiere sentarse? Parece un poco nerviosa.

ISABEL.—Mucho. Y sobre todo, desconcertada. Fue una cita tan extraña y en un momento de mi vida tan... tan... *(Ahoga un sollozo y se deja caer en un asiento.)*

HELENA.—Vamos, señorita, tranquilícese. Le aseguro

que está entre amigos, ¡quién sabe si compañeros! ¿Quiere tomar algo?

ISABEL.—Nada, gracias. (*Sonríe disculpándose mientras se seca una lágrima.*) Ya pasó.

ISABEL, HELENA y MECANÓGRAFA.
Después, BALBOA

MECANÓGRAFA (*en la puerta*).—Hay un señor que quiere hablar con la dirección.

HELENA.—Que espere.

MECANÓGRAFA.—Viene recomendado por el doctor Ariel.

HELENA.—¿Por el doctor Ariel en persona? ¡Pero hágalo pasar inmediatamente! Adelante, señor, adelante.

(*Entra el señor Balboa: un anciano correctísimo y pulcro, un poco tímido. Trae en la mano una tarjeta azul.*)

BALBOA.—Señorita...

HELENA.—Encantada. ¿Es usted amigo del doctor Ariel?

BALBOA.—Tengo ese honor.

HELENA.—Entonces supongo que el doctor le habrá informado ya..., ¿no?

BALBOA.—No, nada; me dio simplemente esta dirección y me dijo que aquí lo sabría todo..., si es que algo podían hacer por mí.

HELENA.—Esperemos que sí. Tome los datos, Amelia. (*La Mecanógrafa recoge la tarjeta del señor Balboa y se sienta a tomar los datos para el fichero. Helena le indica un asiento y dice, por Isabel.*) No sé si tengo el derecho de hacer las presentaciones o si prefieren reservarse los nombres. En cualquier caso considérense como amigos.

BALBOA.—Honradísimo.

ISABEL.—Gracias, señor.

(El señor Balboa toma asiento junto a Isabel. Pequeña pausa. En la segunda izquierda aparece un momento el Pastor-Noruego.)

DICHOS Y PASTOR

PASTOR.—Un momento, compañera; ¿basta cantar o tengo que llevar también el acordeón?

HELENA *(impaciente ante la imprudencia).*—No me parece momento oportuno para pedir instrucciones. ¡Espere ahí dentro!

PASTOR.—Perdón. *(Sale.) (La Secretaria sonríe un poco tontamente sin saber cómo explicar la extraña aparición.)*

HELENA.—Otro amigo… *(Toma de la mesa el sombrero de copa para llevárselo. Del sombrero sale un conejo blanco. Ella se apresura a esconderlo, nerviosa.)* Disculpen… ¡Estos empleados…! *(Sale con el sombrero por segunda izquierda.)*

(Isabel y el señor Balboa, a quienes ha sorprendido tanto el noruego como el conejo, se miran desconcertados. Después contemplan inquietos el lugar. La Mecanógrafa termina de anotar y devuelve la tarjeta.)

MECANÓGRAFA.—Nada más, señor; muchas gracias. *(Coloca en el clasificador la ficha que acaba de extender. Suena el teléfono; atiende mecánicamente.)* Diga. Sí, yo misma. ¿Cómo? ¡Pero no! Este asunto de los niños secuestrados quedó archivado definitivamente. Resultado negativo. Ah, eso ya es otra cosa. Espere, creo que tengo aquí a mano los datos. *(Sin soltar el auricular busca en un indicador, repitiendo:)* Fumadero de opio… Fumadero de opio… Fumadero… *(La Secretaria ha aparecido a tiempo de sorprender la nueva imprudencia. Avanza rápidamente.)*

HELENA.—¡Deje eso! *(Toma el auricular y contesta en un tono tan amable que es evidentemente falso.)* ¡Hola!

LOS ÁRBOLES MUEREN DE PIE

¿Ah, es usted? Encantada siempre. Lo siento, pero ahora no me es posible. No, por favor, no insista. *(Subrayando.)* Le repito que en este momento es imposible. Yo la llamaré. De nada. *(Cuelga.)* Vamos, señorita; el trabajo no puede esperar. Con permiso. *(Vacila un momento. Desconecta el teléfono y sale con la Mecanógrafa.)*

> *(Isabel y el señor Balboa se miran cada vez más perplejos. Él se enjuga la frente con el pañuelo; ella tamborilea los dedos, nerviosa. Sonríen forzadamente sin saber qué decirse. Por fin, el señor Balboa da el primer paso, confidencial.)*

ISABEL Y BALBOA

BALBOA.—Dígame, señorita, ¿usted tiene una idea aproximada de dónde estamos?

ISABEL.—Yo, no. ¿Y usted?

BALBOA.—Tampoco. ¿Es curioso, no? Ninguno de los dos sabe dónde estamos y sin embargo aquí estamos los dos.

ISABEL.—¿No habremos equivocado la dirección?

BALBOA.—Comprobemos. ¿Cuál es la suya?

ISABEL *(saca de su bolso una tarjeta azul).*—Avenida de los Aromos, 2448.

BALBOA *(mirando la suya).*—Dos, cuatro, cuatro, ocho, correcto. Es indudable que en toda la ciudad no puede haber más que una Avenida de los Aromos.

ISABEL.—Y es indudable que en toda la avenida no puede haber más que un dos, cuatro, cuatro, ocho.

BALBOA.—Entonces estamos bien, no hay discusión. ¿Pero dónde? ¿Qué significa esta mezcla de oficina y utilería?

ISABEL.—Es lo que yo me estoy preguntando desde que llegué.

BALBOA.—Y ese fumadero de opio... y esos niños secuestrados... ¡No irá a decirme que todo esto es natural!

35

ALEJANDRO CASONA

ISABEL.—¡Quién sabe! ¡A veces unas palabras sueltas pueden prestarse a confusiones!

BALBOA.—De acuerdo. Pero... ¿es natural criar conejos en un sombrero de copa?

ISABEL.—Eso sería lo de menos. Para mí lo más sospechoso es lo otro; lo del pescador.

BALBOA.—¿Por qué?

ISABEL.—Porque ese pescador noruego que acaba de salir, cuando entró no era noruego ni pescador. Era un pastor protestante.

BALBOA *(se levanta sobresaltado).*—¡Demonio! ¿Quién le ha dicho eso?

ISABEL.—Yo lo vi, en un banco del parque: un pastor protestante discutiendo con una inglesa pelirroja. Es decir..., a menos que la señora estuviera disfrazada también.

BALBOA.—Pero entonces no hay duda. ¡Hemos caído en una trampa! *(Se oye dentro un golpe de acordeón.)*

ISABEL.—Silencio. Ahí viene.

(Balboa se sienta rápidamente disimulando. Cruza el Pastor, que ha completado su estampa nórdica de lobo de mar; viene terminando de sujetarse el acordeón en bandolera. Se detiene mirando compasivamente a uno y a otra.)

ISABEL, BALBOA Y EL PASTOR

PASTOR.—Primer día, ¿no?

BALBOA *(a ver qué sale).*—Primer día.

PASTOR *(sibilino).*—Si quieren un buen consejo, retírense ahora que todavía están a tiempo. Y si no, miren mi ejemplo: cuarenta años de estudios por un plato de lentejas... y ahora, ¡a la taberna del puerto, a cantar para esos muchachotes rubios que lloran cerveza! *(Sale por secretaría rezongando entre dientes.)* F-48... F-48... *(Isabel y Balboa le siguen con los ojos. Después vuelven a mirarse atónitos.)*

LOS ÁRBOLES MUEREN DE PIE

ISABEL Y BALBOA

BALBOA *(repite mecánicamente)*.—F-48... ¿Usted ha entendido algo?

ISABEL *(resuelta)*.—Yo, sí: ¡que hay que salir de aquí antes que sea tarde! *(Se levanta dispuesta a correr. Él la detiene.)*

BALBOA.—¡Por ahí no! ¿Quiere meterse usted misma en la boca del lobo? Calma, señorita; mientras tengamos la cabeza sobre los hombros, usémosla fríamente. Reflexionemos. *(Respira hondo para tranquilizarse y medita en voz alta.)* A primera vista, todo lo que estamos presenciando aquí sólo puede ocurrir en un teatro o en una filmadora de películas o en un circo.

ISABEL.—Ojalá no fuera más que eso.

BALBOA.—Y sin embargo es evidente que no estamos en un circo ni en un teatro ni en una filmadora.

ISABEL.—Evidente.

BALBOA.—Tampoco cabe pensar en una logia.

ISABEL.—¿Y en una secta?

BALBOA.—¿De qué?

ISABEL.—¡Qué sé yo! Una secta secreta.

BALBOA.—¿Religiosa? No es cosa de estos tiempos. ¿Política? ¿Una organización terrorista?

ISABEL.—¿Contra un viejo y una pobre mujer sola? No valdría la pena.

BALBOA *(desesperado)*.—Pero entonces, ¿dónde diablos nos hemos metido? Yo soy un poco distraído y puedo equivocarme; pero usted... ¿Es posible que haya venido aquí sin saber a dónde venía?

ISABEL.—Cuando me llamaron estaba tan desesperada que no podía negarme. Si en aquel momento me hubieran citado a la puerta del infierno habría ido lo mismo.

BALBOA.—¿Quién la citó?

ISABEL.—Ni lo sé. Era un anónimo.

ALEJANDRO CASONA

BALBOA.—¡Me lo estaba imaginando! ¿Con amenazas?

ISABEL.—Al contrario: con la más hermosa de las promesas.

BALBOA.—¡Haber empezado por ahí! ¿Se da cuenta ahora del peligro, criatura? Una muchacha joven, linda, sola... ¿Cómo no sospechó esta intriga tenebrosa?

ISABEL (*aterrada, corriendo a refugiarse a su lado*).—¡No me diga! ¿Un secuestro?

BALBOA.—¿Qué otra explicación puede haber? Pero no tenga miedo; viejo y todo, soy un caballero. ¡Que se atrevan esos rufianes!

(*En este momento el libro vuelve a encenderse tres veces, con tres llamadas de chicharra, y la puerta falsa de la librería empieza a girar. Los dos retroceden despavoridos imponiéndose silencio mutuamente y vuelven a sus asientos. Por la puerta secreta entra el Mendigo; una figura sórdida escapada de La Corte de los Milagros, con una mugrienta capa romántica, ancho fieltro y parche en un ojo.*)

ISABEL, BALBOA Y EL MENDIGO

MENDIGO.—Salud.

(*Pasa con toda naturalidad, sin hacerles caso, hacia la mesa y sobre una bandeja de plata va depositando distintos objetos que extrae de sus profundos bolsillos: un collar de perlas, varios relojes con cadena, algunas carteras. Después señala un número en el teléfono interior.*)

MENDIGO.—Hola. Aquí el S-S-2. Misión cumplida. Sin complicaciones. No, esté traquilo, no me ha seguido nadie. Respondo. Gracias. (*Se quita el parche del ojo y se dirige a la segunda izquierda. De pronto se detiene contemplando admirado al señor Balboa.*) ¡Exacto, exacto, exacto! Un verdadero hallazgo. (*Avanza un paso con el dedo tendido.*) ¡Usted es el coronel de las siete heridas para recuerdos de guerra! ¿A que sí?

BALBOA.—¿Eh...?

MENDIGO.—¿Ah, no? ¡Qué lástima! Con una perilla blanca, era el tipo justo. *(A Isabel.)* Salud, compañera. *(Sale. En cuanto se cierra la puerta el señor Balboa se levanta pálido pero iluminado.)*

ISABEL Y BALBOA. *Diálogo rapidísimo*

BALBOA.—¡Por fin! ¿Está claro ahora? ¡Hemos caído en una maffia!

ISABEL.—¡Hay que salir de esta cueva como sea!

BALBOA.—¿Por dónde? ¿No comprende que todas las puertas estarán tomadas?

ISABEL.—Puede haber una ventana. *(Descorre la cortina del vestuario, asoma la cabeza y lanza un grito. El señor Balboa se tapa los ojos dramáticamente.)*

BALBOA.—¡No me diga más! ¡Un ahorcado!

ISABEL.—Un ropero: disfraces, pelucas, máscaras...

BALBOA.—Lo que me imaginaba; una banda de impostores.

ISABEL *(corre de nuevo la cortina).*—¿Y si llamáramos a la policía por teléfono?

BALBOA.—¿Cree que son tontos? Ya habrán cortado el hilo.

ISABEL.—¿Y si pidiéramos socorro a gritos? *(Va a gritar. Él la detiene bajando la voz.)*

BALBOA.—¿Está loca? Se nos echarían encima ahora mismo.

ISABEL.—Quizá esta salida secreta... *(Palpando la librería.)* Tiene que haber algún botón por aquí.

BALBOA.—¡Quieta! ¿Y si se equivoca de botón y saltamos hechos pedazos? Espere. Estudiemos la situación serenamente.

(Se vuelven sobrecogidos oyendo un grito tirolés que retumba en secretaría. Se abre la puerta de una patada y entra el Cazador con dos perros de trailla. Calzón corto de pana, canana, escopeta y sombrero de pluma. Tipo de una vitalidad desbordante, entra a gritos y zancadas, chorreando júbilo.)

ISABEL, BALBOA Y EL CAZADOR

CAZADOR.—¿No lo dije? ¡Éxito total! Y yo solo, ¡solo! Para que luego digan de la iniciativa privada. ¿Me hace el favor un momento?

(Entrega el dogal de los perros al señor Balboa, que no acierta a negarse, tan espantado de los perros como del dueño. El Cazador se abalanza al teléfono cantando ópera italiana.)

CAZADOR.—Fígaro cuí. Fígaro la... ¡Hola! ¿Departamento de material? Sí, yo mismo. Feliz. ¿No se me nota en la voz? Anote rápido: para mañana al amanecer tres docenas de conejos. ¿Cómo? ¡Pero no, hombre de Dios! ¿Para qué me iban a servir muertos? ¡Vivos, vivos y coleando! De acuerdo. *(Va a colgar cantando. Se detiene de pronto.)* Ah, espere, otra cosa. Necesito más perros. Todos los que pueda: ocho perros, catorce perros, ¡cincuenta perros! ¿Hambrientos? No se preocupe; de la alimentación me encargo yo. *(Ríe.)* Queda usted invitado. A las órdenes, camarada. *(Cuelga y toma rápido una nota, cantando. Comenta entusiasmado.)* ¡Es prodigioso! ¡Si lo hubieran ustedes visto! Cuatro hombres felices con el mínimo de gasto. *(Cruza a recoger sus perros cantando.)* «¡Lucévano le stelle!» Gracias, señor, muy amable, gracias. *(Grandes palmadas. Al notar su asombro, mira a uno y otra receloso, mira a las puertas, y baja la voz confidencial.)* ¿Nuevos?

ISABEL *(sin voz)*.—Nuevos.

CAZADOR.—Pero... ¿iniciados ya o en período de observación?

BALBOA. — Mitad y mitad.

CAZADOR. — Ah, ya: catecúmenos.

ISABEL. — Catecúmenos.

CAZADOR. — Ánimo, compañeros, el principio es lo único que cuesta. Después... ¡es maravilloso! *(A los perros.)* ¡Quieto, Romeo! ¡Vamos, Julieta! *(Abre de otra patada la puerta de la dirección, gritando:)* ¡Señor director... Señor director...! *(Y desaparece con el mismo alarido gutural que anunció su llegada.)*

(Isabel queda en pie, pasmada. El señor Balboa cae desfallecido en un sillón.)

ISABEL Y BALBOA

BALBOA. — Es inútil. Ni secta, ni logia ni maffia. Pero entonces, ¿qué?. ¡Una luz, Señor, una luz!

ISABEL *(se acerca con un temblor de emoción en la voz).* — ¿No estaremos soñando?

BALBOA. — ¿Los dos al mismo tiempo?

ISABEL. — Sin embargo, este mundo arbitrario, esta confusión de trajes y personajes, sólo puede producirse en sueños.

BALBOA *(enjugándose la frente, vencido).* — Yo no entiendo ya nada de nada. Si en este momento se abre esa puerta y entra Napoleón a preguntarme qué hora es... ni frío ni calor.

ISABEL *(obsesionada).* — Napoleón... Napoleón... Nap... *(Con una sospecha repentina se lleva la mano a los labios ahogando un grito.)* ¡Ya está!

BALBOA. — ¿Qué está?

ISABEL. — ¿Pero cómo no se me ocurrió antes? ¡Si no podía ser otra cosa!

BALBOA. — ¿Qué cosa? ¡Hable de una vez!

ISABEL *(aferrándole de un brazo).* — ¿No ha oído con-

41

tar el caso de aquel sanatorio donde un día se sublevaron todos los locos, ataron a los enfermeros y ocuparon sus puestos?

BALBOA *(se levanta estremecido).*—¡No...!

ISABEL.—¡Aquí lo tenemos otra vez! ¡Hemos caído en una pandilla de locos sueltos! *(Se oye dentro una algarabía de perros aullando, una verdadera jauría.)* ¡Los perros!... ¡¡Los cincuenta perros hambrientos!! *(Corre aterrada a secretaría y encuentra la puerta cerrada. Golpea a gritos hasta caer sin fuerza de rodillas.)* ¡Socorro! ¡Abran, por compasión! ¡Los perros!... ¡Los perros...!

(Abre Helena, Isabel retrocede instintivamente. La algarabía de perros va calmándose hasta desaparecer.)

ISABEL, BALBOA, HELENA. *Luego,* EL DIRECTOR

HELENA.—Pero, señorita, ¿qué gritos son éstos? ¿Ha ocurrido algo?

BALBOA.—¿Y lo pregunta usted, que es la organizadora de todo? ¡Paso, señora; apártese de esa puerta!

HELENA.—No comprendo.

BALBOA.—¡Demasiado comprende! Esta muchacha ha venido aquí engañada miserablemente; pero no está sola. Tiene derecho a salir, y saldrá conmigo. ¡Apártese!

(Se abre la primera izquierda y aparece el Director, que dice severamente, con una autoridad tranquila.)

DIRECTOR.—¿No lo ha oído, Helena? Deje libre el paso.

HELENA *(se inclina respetuosa).*—El señor Director. *(Se aparta.)*

(Isabel y Balboa se vuelven mirando al Director que, contra lo que pudiera esperarse, es un hombre joven, sonriente, con una

cordialidad llena de simpatía y una elegancia natural ligera-
mente bohemia. Su sola presencia calma la situación. Antici-
padamente le llamaremos Mauricio.)

MAURICIO.—Seguramente ha habido alguna confusión
lamentable, y el señor tiene derecho a una explicación.
(Avanza sonriente.) Lo único que me apresuro a aclarar es
que nada de lo que haya podido sospechar hasta ahora es
la verdad. No está entre secuestradores, ni entre rufianes
ni entre locos. En cuanto a esta señorita, no ha venido
aquí engañada miserablemente, al contrario: está en el
camino de su salvación. *(A ella.)* Pero si se ha arrepentido
y prefiere seguir viviendo como hasta ayer, la puerta está
abierta. Usted decidirá.

> *(Pausa de vacilación. Balboa da un paso hacia la puerta y*
> *ofrece el brazo a Isabel.)*

BALBOA.—¿Vamos?
ISABEL *(que no ha apartado los ojos un momento de*
Mauricio. Reacciona resuelta).—No. ¡Ahora necesito sa-
ber! *¡(Avanza hacia él.)* ¿Por qué ha dicho «si prefiere
seguir viviendo como hasta ayer»? ¿Quién es usted?
MAURICIO.—¿Qué importa eso? No se trata de mi vida
sino de la suya.
ISABEL.—¿Qué es lo que pretende saber de mí?
MAURICIO.—Sólo una cosa. Pero demasiado íntima
para hablar delante de testigos.

> *(Isabel duda un momento mirándole fijamente. Se acerca a*
> *Balboa, con una súplica.)*

ISABEL.—Déjenos solos.
BALBOA.—¿Aquí?
ISABEL *(sin miedo).*—Ese hombre no miente; estoy se-
gura.

MAURICIO.—Acompañe al señor, Helena. Y nada de secretos con él; dígale lisa y llanamente toda la verdad.

BALBOA (a Isabel).—La espero.

ISABEL.—Gracias. Es usted el primer hombre, el único, que ha dado un paso para defenderme. (Le estrecha las manos.) Gracias.

(Balboa le besa la mano. Una leve inclinación al Director, y sale con la Secretaria.)

ISABEL Y MAURICIO

MAURICIO.—¿Tranquila ya?

ISABEL.—Tranquila.

MAURICIO.—¿De verdad no tiene miedo?

ISABEL.—No. Ahora es algo más profundo. No sé lo que va a decirme, pero siento que toda mi vida está pendiente de esas palabras. ¡Hable, por favor!

MAURICIO.—Conteste primero. (Da un paso hacia ella.) Señorita Quintana, ¿qué le ocurrió anoche?

ISABEL (retrocede turbada).—¡No, eso no! ¿Con qué derecho me lo pregunta?

MAURICIO.—Es necesario. Conteste.

ISABEL.—¡Déjeme! ¡No me obligue a recordarlo! (Se deja caer en un asiento sollozando ahogadamente.)

MAURICIO.—Vamos, no sea niña. Míreme a los ojos: no son los de un policía ni los de un juez. Confiese sin miedo. ¿Qué le ocurrió anoche?

ISABEL.—Estaba desesperada…, ¡no podía más! Nunca tuve una casa, ni un hermano, ni siquiera un amigo. Y sin embargo esperaba…, esperaba en aquel cuartucho de hotel, sucio y frío. Ya ni siquiera pedía que me quisieran; me hubiera bastado alguien a quien querer yo. Ayer, cuando perdí mi trabajo, me sentí de pronto tan fracasada, tan inútil. Quería pensar en algo y no podía; sólo una idea estúpida me bailaba en la cabeza: «no vas a poder dormir..., no vas a poder dormir». Fue entonces cuando se me ocurrió comprar el veronal. Seguramente las calles estaban llenas de luces y de gente como otras noches, pero yo no me di cuenta hasta que llegué a mi cuarto tiritando. Hasta aquel pobre vaso en que revolvía el veronal tenía rajado el vidrio. Y la idea estúpida iba creciendo: «¿Por qué una noche sola...? ¿Por qué no dormirlas todas de una vez?» Algo muy hondo se rebelaba dentro de mi sangre mientras volcaba en el vaso el tubo entero; pero ni un clavo adonde agarrarme; ni un recuerdo, ni una esperanza... Una mujer terminada antes de empezar. Había apagado la luz y sin embargo cerré los ojos. De repente sentí como una pedrada en los cristales y algo cayó dentro de la habitación. Encendí temblando... Era un ramo de rosas rojas, y un papel con una sola palabra: «¡Mañana!» ¿De dónde me venía aquel mensaje? ¿Quién fue capaz de encontrar entre tantas palabras inútiles la única que podía salvarme? «Mañana.» Lo único que sentí es que ya no podía morir esa noche sin saberlo. Y me dormí con la lámpara encendida, abrazada a mis rosas, ¡mías!, las primeras que recibía en mi vida... y con aquella palabra buena calándome como otra lluvia: «¡Mañana, mañana, mañana...!» *(Pausa, recobrándose.)* A la mañana siguiente, cuando me desperté... *(Busca en su cartera.)*

MAURICIO.—Cuando se despertó había debajo de su puerta una tarjeta azul diciendo: «No pierda su fe en la vida. La esperamos.»

> *(Isabel lo mira desconcertada, con su tarjeta azul en la mano. Se levanta sin voz.)*

ISABEL.—¿Era usted?
MAURICIO.—Yo.
ISABEL.—¿Pero por qué? Yo no le conozco ni le he visto nunca. ¿Cómo pudo saber?

MAURICIO *(sonriente).* —Tenemos una buena información. Cuando supe que había perdido su trabajo y la vi caminar sin sentir la lluvia, comprendí que debía seguirla.

ISABEL. —Yo no lo había pensado aún. ¿Cómo adivinó lo que iba a suceder?

MAURICIO. —El tubo de veronal ya era sospechoso, pero mucho más al verla entrar en la pensión sin cerrar la puerta; cuando una mujer sola deja abierta su puerta es que ya no tiene miedo a nada.

ISABEL. —¡Por lo que más quiera, no se burle de mí! ¿Quién es usted? ¿Y qué casa es ésta donde todo parece al mismo tiempo tan natural y tan absurdo?

(Mauricio la toma de la mano y la hace sentar.)

MAURICIO. —Ahora mismo va a saberlo. Pero, por favor, no lo tome tan dramáticamente. Sonría. No hay ninguna cosa seria que no pueda decirse con una sonrisa. *(Da unos pasos y queda de espaldas a ella, frente al retrato.)* ¿Ha oído hablar alguna vez del Doctor Ariel? [1]

ISABEL. —Solamente el nombre; hace un momento.

MAURICIO. —Aquí lo tiene; es el fundador de esta casa. Un hombre de una gran fortuna y una imaginación generosa, que pretende llegar a la caridad por el camino de la poesía. *(Vuelve hacia ella.)* Desde que el mundo es mundo en todos los países hay organizada una beneficencia pública. Unos tratan de revestirla de justicia, otros la aceptan como una necesidad, y algunos hasta la explotan como una industria. Pero hasta el doctor Ariel nadie había pensado que pudiera ser un arte.

ISABEL *(desilusionada).* —¿Y eso es todo? ¿Una institución de caridad? *(Se levanta digna.)* Muchas gracias, señor. No era una limosna lo que yo esperaba.

MAURICIO. —Calma, no se impaciente. No se trata del

---

[1] Véase mi comedia *Prohibido suicidarse en primavera.*

asilo y el pedazo de pan. Lo que estamos ensayando aquí es una beneficencia pública para el alma.

ISABEL *(se detiene).*—¿Para el alma?

MAURICIO.—De los males del cuerpo ya hay muchos que se ocupan. Pero ¿quién ha pensado en los que se mueren sin un solo recuerdo hermoso?, ¿en los que no han visto realizado su sueño?, ¿en los que no se han sentido estremecidos nunca por un ramalazo de misterio y de fe? No sé si empieza a ver claro.

ISABEL.—No sé. Por momentos creo que está hablando en serio, pero es tan extraño todo. Parece una página arrancada de un libro.

MAURICIO.—Precisamente a eso iba yo. ¿Por qué encerrar siempre la poesía en los libros y no llevarla al aire libre, a los jardines y a las calles? ¿Va comprendiendo ahora?

ISABEL.—La idea, quizá. Lo que no entiendo es cómo puede realizar todo eso.

MAURICIO.—Lo entenderá en seguida. ¿Recuerda aquel fantasma que se apareció siete sábados en el Caserón de las Lilas?

ISABEL.—¿Cómo no, si fue en mi barrio? En mi taller no se habló de otra cosa en tres meses.

MAURICIO *(interesado).*—¿Y qué se decía en su taller?

ISABEL.—De todo: unos, que alucinaciones; otros, que lo habían visto con sus propios ojos. Muchos se reían, pero un poco nerviosos. Y por la noche se recordaban esas viejas historias de almas en pena.

MAURICIO.—En pena, ¡pero de almas! Un barrio de comerciantes, donde nunca se había hablado más que de números, estuvo tres meses hablando del alma. Ahí tiene el ramalazo del misterio.

ISABEL.—¡Pero no es posible! ¡Usted no puede creer que aquel fantasma se apareció de verdad!

MAURICIO.—¡Y cómo no voy a creerlo si era yo!

(Isabel se levanta de un salto.)

ISABEL.—¿Usted?

MAURICIO *(ríe).*—Por favor, no empecemos otra vez. Le juro que estoy hablando en serio. ¿No cree que sembrar una inquietud o una ilusión sea una labor tan digna por lo menos como sembrar su trigo?

ISABEL.—Sinceramente, no. Creo que puede ser un juego divertido, pero no veo de qué manera puede ser útil.

MAURICIO.—¿No...? *(La mira fijo un momento. Baja el tono.)* Dígame, ¿estaría usted aquí ahora si yo no hubiera «jugado» anoche?

ISABEL *(vacila turbada).*—Perdón. *(Vuelve a sentarse.)*

MAURICIO.—Si viera nuestros archivos se asombraría de lo que puede conseguirse con un poco de fantasía... y contando, naturalmente, con la fantasía de los demás.

ISABEL.—Debe de ser un trabajo bien difícil. ¿Tienen éxito siempre?

MAURICIO.—También hemos tenido nuestros fracasos. Por ejemplo: una tarde desapareció un niño en un parque público mientras la niñera hablaba con un sargento... Al día siguiente desaparecía otro niño mientras la mademoiselle hacía su tricota. Y poco después, otro, y otro... ¿Recuerda el terror que se apoderó de toda la ciudad?

ISABEL.—¿También era usted el ladrón de niños?

MAURICIO.—Naturalmente. Eso sí, nunca estuvieron mejor atendidos que en esta casa.

ISABEL.—Pero ¿qué es lo que se proponía?

MAURICIO.—Cosas del pedagogo. Realmente era una pena ver a aquellas criaturas siempre abandonadas en manos extrañas. ¿Dónde estaban los padres? Ellos en sus tertulias, ellas en sus fiestas sociales y en sus tés. Era lógico que al producirse el pánico se aferraran desesperadamente a sus hijos, ¿verdad? ¡Desde mañana todos juntos al parque!

ISABEL.—¿Y no resultó?

MAURICIO.—Todo al revés de como estaba calculado.
El pánico se produjo, pero los padres siguieron en sus
tertulias, las madres en sus tés ¡y los pobres chicos en casa,
encerrados con llave! ¡Un fracaso total!

ISABEL.—¡Qué lástima! Era una bonita idea.

MAURICIO.—No volverá a ocurrir: ya hemos expulsado al pedagogo y hemos tomado en su lugar a un
ilusionista de circo. *(Isabel sonríe ya entregada.)* Gracias.

ISABEL.—¿A mí? ¿Por qué?

MAURICIO.—Porque al fin la veo sonreír una vez. Y
conste que lo hace maravillosamente bien. Usted acabará
siendo de los nuestros.

ISABEL.—No creo. ¿Son ustedes muchos?

MAURICIO.—Siempre hacen falta más. Sobre todo,
mujeres.

ISABEL.—Dígame… Una especie de tirolés que pasó
por aquí a gritos, con unos perros…

MAURICIO.—Bah, no tiene importancia. Un aficio-
nado.

ISABEL.—¿Pero a qué se dedica?

MAURICIO.—Anda escondido por los montes soltando
conejos y perdiendo perros. Es un protector de cazadores
pobres.

ISABEL.—Ya, ya, ya. ¿Y un mendigo que entró muy
misterioso por esa librería, con un collar de perlas…?

MAURICIO.—¿El ladrón de ladrones? Ése es más serio.
¡Tiene unas manos de oro!

ISABEL.—¿Para qué?

MAURICIO.—Está especializado en esos muchachos
que salen de los reformatorios con malas intenciones…
(Gesto de robar.) ¿Comprende?

ISABEL.—Comprendo. Cuando ellos… ¿eh? *(Gesto de
robar con los cinco dedos.)* Él los sigue y… *(repite el gesto
delicadamente con el índice y el pulgar.)* ¿Eh…?

MAURICIO.—¡Exactamente! *(Ríen los dos.)* ¿Ve cómo ya va entrando?

ISABEL.—Claro, claro. ¿Y después?

MAURICIO.—Después, los objetos robados vuelven a sus dueños, y el ladronzuelo recibe una tarjeta diciendo: «Por favor, muchacho, no vuelva a hacerlo, que nos está comprometiendo.» A veces da resultado.

ISABEL.—¿Sabe que tiene unos amigos muy pintorescos? Artistas profesionales, supongo.

MAURICIO.—Artistas, sí; profesionales, jamás. Los actores profesionales son muy peligrosos en los mutis, y el que menos pediría reparto francés en el cartel.

ISABEL *(mira en torno, complacida).*—Es increíble. Lo estoy viendo y no acaba de entrarme en la cabeza. *(Confidencial.)* ¿De verdad, de verdad, no están ustedes un poco…?

MAURICIO *(ríe).*—Dígalo, dígalo sin miedo: tal como va el mundo todos los que no somos imbéciles necesitamos estar un poco locos.

ISABEL.—Me gustaría ver los archivos; deben de tener historias emocionantes, ¡tan complicadas!

MAURICIO.—No lo crea; las más emocionantes suelen ser las más sencillas. Como el caso del juez Mendizábal. ¡Nuestra obra maestra!

ISABEL.—¿Puedo conocerla?

MAURICIO.—Cómo no. Una noche el juez Mendizábal iba a firmar una sentencia de muerte; ya había firmado muchas en su vida y no había peligro de que le temblara el pulso. Todos sabíamos que ni con súplicas ni con lágrimas podría conseguirse nada. El juez Mendizábal era insensible al dolor humano, pero en cambio sentía una profunda ternura por los pájaros. Frente a su ventana abierta, el juez redactaba tranquilamente la sentencia. En aquel momento, en el jardín, rompió a cantar un ruiseñor. Fue como si de pronto se oyera latir en el silencio el corazón de la noche. Y aquella mano de hielo tembló por primera

cerrado, aquel sillón vuelto de espaldas a la ventana y aquel silencio tenso de años y años eran la peor de las acusaciones; como si yo fuera el culpable. Al fin, un día llegó a sus manos una carta del Canadá.

MAURICIO *(impaciente)*.—¿Pero en qué estaba usted pensando? ¿No pudo impedir que cayera en sus manos una carta así, que podía matarla?

BALBOA.—Al contrario; era la carta de la reconciliación. Mi nieto pedía perdón y llenaba tres páginas de hermosas promesas y de buenos recuerdos.

MAURICIO.—Disculpe; me había adelantado estúpidamente.

BALBOA.—No, ahora es cuando se está adelantando. Aquella carta era falsa; la había escrito yo mismo.

MAURICIO.—¿Usted?

BALBOA.—¿Qué otra cosa podía hacer? La pobre vieja se me iba muriendo en silencio día a día. Y con aquellas tres páginas el piano volvió a abrirse y el sillón volvió a mirar otra vez hacia el jardín.

MAURICIO.—Muy bien. Un poco elemental, pero eficaz. *(Anota.)* «Mentira piadosa.» ¿Y después?

BALBOA.—Después no quedaba otro camino que seguir la farsa. La abuela contestaba feliz y cada dos o tres meses, una nueva carta del Canadá para alimentar el fuego.

MAURICIO.—Comprendo; es la bola de nieve.

BALBOA.—Un día mi nieto se graduaba en la Universidad de Montreal; otro día, era un viaje en trineo por los bosques de abetos y lagos; otro, abría su estudio de arquitecto. Después se enamoraba de una muchacha encantadora. Finalmente, por mucho que traté de prolongar el noviazgo, no tuve más remedio que casarlos. Y todo era poco; las mujeres siempre quieren más, más... Y ahora... *(Le falla la voz emocionado.)*

MAURICIO.—Vamos, ánimo. Algo ha venido a trastornar sus planes, ¿verdad?

BALBOA.—La semana pasada, al volver a casa, mi mujer salió a abrazarme loca de alegría, con un cablegrama. ¡Después de veinte años de ausencia su nieto anunciaba el regreso!

MAURICIO.—Disculpe, pero ahora sí que no lo entiendo. ¿Qué diablos se proponía usted con ese cable absurdo?

BALBOA.—Yo, nada. Es que, de repente, la vida se metía en la farsa... Y el cable era verdadero.

MAURICIO.—¿De su nieto?

BALBOA.—De mi nieto. Hace ocho días se embarcó en el «Saturnia».

MAURICIO.—¡Diablo! Esto empieza a ponerse interesante. (Anota.) «La vuelta del nieto pródigo.»

BALBOA.—¿Se da cuenta de lo que habré pasado estas noches pensando en ese barco que se me venía encima? La cortina de humo iba a descorrerse y de nada valía ya cerrar los ojos. El aula de la Universidad iba a convertirse en la celda de presidio; el viaje por el bosque, en una persecución policial sobre el asfalto. ¡Y aquel muchachote alegre y sano de las cartas, en esa piltrafa del «Saturnia»!

MAURICIO (se levanta iluminado).—¡No me diga más! Hay que salvar la mentira cueste lo que cueste. Organizaremos una emboscada en el puerto, abordaremos el barco disfrazados... ¡Yo no sé lo que inventaremos, pero esté tranquilo: su nieto no llegará! ¿No era eso lo que venía a pedirme?

BALBOA.—No.

MAURICIO.—¿Ah, no?

BALBOA.—Para impedir que llegue mi nieto ya no hace falta inventar nada. ¿No ha leído los diarios de anoche? El «Saturnia» se ha hundido en alta mar con todo el pasaje.

MAURICIO.—¿Muerto?

BALBOA.—Muerto.

MAURICIO.—Es triste, pero es una solución. ¿Lo sabe la abuela?

BALBOA *(levantándose resuelto).*—¡Ni debe saberlo! He hecho desaparecer todos los diarios, he cortado el teléfono; si es preciso clavaré las puertas y ventanas. Pero esa noticia, ¡no! ¿Sabe usted lo que es esperar veinte años para vivir un solo día y cuando ese día llega encontrarlo también negro y vacío?

MAURICIO.—Lo siento, pero ¿qué puedo hacer yo? Hasta ahora hemos inventado algunos trucos ingeniosos contra muchos males. Contra la muerte no hemos encontrado nada todavía.

BALBOA.—¿Pero es posible que no haya comprendido aún? ¿Qué importa ya el nieto de mi sangre? Al que hay que salvar es al otro; al de las cartas hermosas, al de la alegría y la fe..., ¡el único verdadero para ella! Ése es el que tiene que llegar.

MAURICIO *(comprendiendo al fin).*—¡Un momento! ¡No pretenderá que yo sea su nieto!

BALBOA.—¿Y por qué no? Cosas más difíciles ha hecho. ¿No ha sido usted ladrón de niños y fantasma de caserón y falsificador de ruiseñores?

MAURICIO.—Pero un hombre no es tan fácil de trucar como un fantasma: tiene una cara propia, y unos ojos, una voz...

BALBOA.—Afortunadamente nunca envió fotografías; y veinte años cambian completamente a un muchacho.

MAURICIO.—¿Y el naufragio?

BALBOA.—Pudo perder ese barco y tomar otro. Puede llegar mañana mismo en avión.

MAURICIO.—Aunque así fuera. Supongamos que ya llegué, ya estoy en la casa, ya pasó el primer abrazo. Y mañana, ¿qué? Yo puedo cruzar por una vida un momento, pero no puedo quedarme.

BALBOA.—Ni yo iba a pedirle tanto. Sólo una semana, unos días..., ¡una noche siquiera! *(Aferrándose a él, suplicante.)* ¡No, no me diga que no! ¡O todas sus teorías son mentira, o usted no puede negarle a esa mujer una hora, una sola hora feliz, ¡que puede ser la última!

MAURICIO.—Calma, calma. No digo que sí, pero tampoco he dicho todavía que no. Déjeme despejar un poco la cabeza. *(Se desabrocha el cuello resoplando. Bebe un trago de whisky. Repasa sus notas. Finalmente mira a Balboa y sonríe volviendo a su tono jovial.)* ¡Y lo peor es que el asunto me gusta de alma!

BALBOA.—¿Sí?

MAURICIO.—¡En buena nos hemos metido, amigo! Lo de la Universidad, pase. Lo de los viajes, con un poco de geografía, pase. Pero estas complicaciones inútiles... ¿Por qué tenía que hacer arquitecto a su nieto? Yo no entiendo una palabra de matemáticas.

BALBOA.—No se preocupe; la abuela tampoco.

MAURICIO.—Y, sobre todo, ¿por qué demonios tenía que casarlo? En la farsa, como en la vida, se defiende mucho mejor un soltero. ¿No podíamos inventarle un divorcio repentino?

BALBOA.—Peligroso. Sobre eso la abuela tiene ideas muy firmes.

MAURICIO.—¿Y si hiciera el viaje él solo?

BALBOA.—¿Con qué disculpa?

MAURICIO.—Cualquiera... Complicaciones familiares.

BALBOA.—La chica no tiene familia. Al padre, que era el último, lo maté el año pasado en un accidente de caza.

MAURICIO.—Podemos organizarle otro accidente a ella. ¿Una enfermedad?

BALBOA.—¿Y él, tan enamorado, iba a dejarla así, sola?

MAURICIO.—Cuando yo digo que esa mujer nos va a traer de cabeza. ¿Morena?

BALBOA.—Rubia.

MAURICIO.—Peor. Rubia, enamorada, huérfana... *(Da unos pasos pensativos. De pronto se fija en el impermeable que Isabel ha dejado sobre la silla. Se le iluminan los ojos.)* ¡Espere! *(Se precipita al audífono.)* ¡Hola! ¿Helena? ¡Por favor, aquí las dos! ¡Rápido! *(Vuelve.)* ¿Se ha fijado bien en esa muchacha que llegó cuando usted? ¿Cree que podría servir?

BALBOA.—¡Justa! ¡El tipo ideal! *(Le abraza.)* ¡Gracias, señor, gracias!...

MAURICIO, BALBOA, HELENA, ISABEL

HELENA.—¿Llamaba el señor director?

MAURICIO.—¡Orden urgente! Prepare un equipaje completo para la compañera: diez trajes de calle, seis de deporte y tres de noche. Unas fotos con fondo de nieve. Una rama de abeto. Y en los baúles: «Hotel Ontario, Hálifax. Canadá.»

HELENA.—¡Cómo! ¿La señorita va a ir al Canadá?

MAURICIO.—¡Al contrario: va a volver! Y nada de señorita. Señora: tengo el gusto de presentarle al abuelo de su esposo. *(Dentro se oye el canto del ruiseñor.)*

Telón

ACTO SEGUNDO

En casa de la Abuela. Salón con terraza al foro sobre el jardín. Primera derecha, puerta a la cocina. Primera izquierda, a las habitaciones. Al foro derecha, un pequeño vestíbulo, en que se supone el acceso al exterior. A la izquierda, segundo término, una amplia escalera con barandal. Todo aquí tiene el encanto esfumado de los viejos álbumes y la cómoda cordialidad de las casas largamente vividas.

Genoveva —Más que criada, amiga y confidente de la señora— dispone en la gran mesa los platos y cubiertos de una cena para dos. Felisa, doncella, baja la escalera con unas cortinas.

Es de noche. El jardín, en sombra.

GENOVEVA Y DONCELLA. *Después,* LA ABUELA

GENOVEVA.—¿Colgó las cortinas nuevas?

FELISA.—Son las que acabo de quitar. ¿No eran las antiguas las que quería la señora?

GENOVEVA.—Por eso lo pregunto. ¿Puso las flores en la habitación?

FELISA.—Siete veces ya. Primero no eran bastante frescas; después que eran demasiado frescas; la señora, que rosas; el señor, que rama de pino; ella, que el aroma es lo que importa; él, que las flores de noche son malsanas. Desde hace una semana no hay manera de entenderse en esta casa.

GENOVEVA.—¿Pero qué dejó por fin?

FELISA.—De todo; que elijan ellos. Ya estoy que no puedo más de subir y bajar escaleras, de poner y quitar cortinas, de colgar y descolgar cuadros. ¿Es que no van a ponerse de acuerdo nunca?

GENOVEVA.—La cosa no es para menos, Felisa. ¿No se pone usted nerviosa cuando su novio la hace esperar media hora? ¡Imagínese lo que es esperar a un hombre veinte años! ¿Puso las sábanas de hilo crudo?

FELISA.—Las del algodón. El señor dice que las de hilo son demasiado pesadas.

GENOVEVA.—Pero la señora no quiere otras. ¿Tanto le molesta tener que cambiarlas?

FELISA.—No es por el trabajo; es que no sabe una a quién atender. Como la famosa discusión de las camas, ¿se acuerda? El señor, empeñado en que dos camas gemelas, y la señora que la cama matrimonial. ¿No sería mejor esperar a que lleguen ellos y digan de una vez lo que prefieren?

GENOVEVA.—Eso no es cuenta nuestra. Cuando la señora manda una cosa y el señor otra, se dice que sí al señor y se hace lo que manda la señora.

FELISA.—En resumen: ¿dejo las de algodón o subo las de hilo?

(Entra la Abuela, de la cocina. Es una vieja señora llena de vida nueva pero aferrada a sus encajes, a sus nobles terciopelos y a su bastón.)

ABUELA.—Las de hilo, hija, las de hilo crudo. Las he bordado yo misma y es como poner sobre ellos algo de estas manos. ¿Comprende?

FELISA.—Ahora, sí. *(Toma las sábanas de un respaldo y sube con ellas.)*

ABUELA.—Cierre bien la puerta de la sala y corra la cortina doble; se oye demasiado el carillón del reloj y puede despertarlos.

FELISA.—Bien, señora.

ABUELA.—En cambio, la ventana déjela abierta de par en par.

FELISA.—¿Y si entran bichos de los árboles?

ABUELA.—¡Que entre el jardín entero! (*La doncella desaparece.*) De muchacho, toda su ilusión era dormir al aire libre. Algunas noches de verano, cuando creía que no le sentíamos, se descolgaba por esa rama del jacarandá que llega a la ventana. ¿Recuerda que hace años el señor quiso cortarla?

GENOVEVA.—No le faltaba razón; tapa los cristales y quita toda la luz.

ABUELA.—¡Qué importa la luz! Yo estaba segura de que había de volver, y quién sabe si alguna noche no le gustará descolgarse otra vez como entonces.

GENOVEVA.—Ahora ya no sería lo mismo. Esa rama puede resistir el peso de un chico, pero el de un hombre, no.

ABUELA.—¿Por qué? También el jacarandá tiene veinte años más. Los platos así. En las cabeceras quedan muy lejos.

GENOVEVA.—Es la costumbre.

ABUELA.—La nuestra. Ellos no hace tres años que se han casado. ¡Una luna de miel! No se enfriará el horno, ¿verdad? He dejado a media lumbre la torta de nueces. Todavía le estoy oyendo, a gritos, cuando volvía del colegio: «¡Abuela, torta de nuez con miel de abejas!» ¿Por qué mueve la cabeza así?

GENOVEVA.—La torta de nueces, el jacarandá…, siempre como si fuera un muchacho. ¿Cree que un hombre que levanta casas de treinta pisos va a acordarse de cosas tan pequeñas?

ABUELA.—¿No las recuerdo yo? Los mismos años han pasado para mí que para él.

GENOVEVA.—Los mismos, no: usted aquí, quieta; él, por el mundo.

ABUELA.—¿Qué puede ocurrir, que traiga una voz más ronca y unos ojos más cansados? ¿Dejará por eso de ser el mío? Por mucho que haya crecido, no será tanto que no me quepa en los brazos.

GENOVEVA.—Un hombre no es un niño más grande, señora; es otra cosa. Si lo sabré yo que tengo tres perdidos por esos mundos de Dios.

ABUELA *(repentinamente alerta)*.—¡Chist..., calle! ¿No oye un coche? *(Escuchan un momento las dos.)*

GENOVEVA.—Es un poco de viento en el jardín. *(La Abuela se sienta respirando hondo, con la mano en el pecho.)* Cuidado con esos nervios, señora.

ABUELA.—Hay que ser fuerte para una alegría así; si fuera algo malo, ya está una más acostumbrada. Un poco de agua, por favor.

GENOVEVA.—¿Quiere tomar otra pastilla?

ABUELA.—Basta ya de remedios; el único verdadero es ese que va a llegar. ¿Cree que si no salí al puerto fue por miedo a la fatiga? Fue por no repartirlo con nadie allí entre tanta gente. De esta casa salió y aquí le espero. ¿Qué hora es?

GENOVEVA.—Temprano todavía. Son largos los últimos minutos, ¿eh?

ABUELA.—Pero llenos, como si ya fueran suyos. Muchas veces sentí esto mismo al recibir sus cartas: daba vueltas y vueltas al sobre sin abrirlo y hasta cerraba los ojos tratando de adivinar antes de leer. Parece tonto, pero así las cartas duran más. *(Alerta nuevamente.)* ¿No oye?

GENOVEVA.—El viento otra vez. Ya no pueden tardar.

ABUELA.—No importa. Es como dar vueltas al sobre. *(Suspira.)* ¿Cómo será ella?

GENOVEVA.—¿Quién?

ABUELA.—¿Quién va a ser? Isabel, su mujer.

GENOVEVA.—¿No le hablaba en las cartas?

ABUELA.—¿Y eso qué? Los enamorados todo lo ven como lo quisieran. No es que yo tenga nada contra ella; pero esas mujeres que vienen de lejos...

GENOVEVA.—¿Celos...?

ABUELA.—Quizá un poco. Uno los cuida, los va viendo crecer día por día, desde el sarampión hasta el álgebra, y de repente una desconocida, nada más que porque sí, viene con sus manos lavaditas y se lo lleva entero. Ojalá que, por lo menos, sea digna de él. *(se levanta repentinamente.)* ¡Y ahora! ¿Oye ahora...?

En efecto, se oye un motor acercándose.

GENOVEVA.—¡Ahora, sí!

(La luz de unos faros ilumina un momento el jardín. La doncella aparece en lo alto de la escalera. Dos bocinazos fuera, llamando.)

FELISA.—Señora, señora... ¡Ya están ahí!

ABUELA.—¡Salga a abrir, Felisa! ¡Pronto! *(Detiene a Genoveva.)* Usted, no. Aquí, conmigo. Sé que voy a ser fuerte, pero por si acaso.

(Campanilla. La doncella sale rápida. Se oye la voz de Mauricio gritando alegremente.)

VOZ.—¡Abuela! ¡Abran o salto por la ventana! ¡Abuela...! *(La campana insiste impaciente.)*

ABUELA.—¿Lo está oyendo? ¡El mismo loco de siempre!

(Entra primero Mauricio, que se detiene un momento en el umbral. Después el señor Balboa a Isabel, con equipajes de mano; y finalmente la doncella con algunas maletas, que deja, volviendo a buscar el resto.)

La Abuela, Genoveva, Mauricio,
Balboa, Isabel

ABUELA.—¡Mauricio...!

MAURICIO.—¡Abuela...!

ABUELA.—¡Por fin...!

(Se estrechan fuertemente. La Abuela lo besa, lo mira entre risa y llanto, vuelve a abrazarlo. Mauricio deriva inmediatamente la situación hacia un tono jovial.)

MAURICIO.—¿Quién había dicho que estaba débil mi vieja? Todavía hay fuerza en estas manos tan delgadas. *(Se las besa.)*

ABUELA.—Déjame que te vea. Mis ojos ya no me ayudan mucho, pero recuerdan, recuerdan... *(Le contempla largamente.)* ¡Qué cambiado está mi muchachote!

MAURICIO.—Son veinte años, abuela. Una vida.

ABUELA.—¡Qué importa ya! Ahora es como volver a abrir un libro por la misma página. A ver... Un poco más claros los cabellos.

MAURICIO.—Algunos se habrán perdido por ahí lejos.

ABUELA.—La voz más hecha, más profunda. Y sobre todo, otros ojos..., tan distintos... pero con la misma alegría... A ver, ríete un poco.

MAURICIO *(riendo).*—¿Con los ojos?

ABUELA.—¡Así! Esa chispita de oro es lo que yo esperaba. La misma de entonces; la que me hacía perdonártelo todo... y tú lo sabías, granuja.

MAURICIO *(tranquilizado).*—Menos mal que algo queda.

ABUELA *(vuelve a abrazarlo emocionada).*—¡Mi Mauricio...! ¡Mío, mío...!

MAURICIO.—Lágrimas, no. ¿No ha habido bastantes ya?

ABUELA.—No tengas miedo; éstas son otras, y las últimas. Ven que te vea mejor..., aquí, a la luz...

(El señor Balboa, que ha permanecido inmóvil junto a Isabel, se adelanta.)

BALBOA.—Un momento, Eugenita. Mauricio no viene solo. Ni mal acompañado.

ABUELA.—¡Oh, perdón...!

MAURICIO.—Ahí tienes a tu linda enemiga.

ABUELA.—Mi enemiga, ¿por qué?

MAURICIO.—¿Crees que no se te notaba en las cartas? «¿Quién será esa intrusa que viene a robarme lo mío?» *(Toma de la mano a Isabel, presentándola).* Pues aquí está la intrusa. La rubia, Isabel, la devoradora de hombres. ¿No se le conoce en la cara?

ABUELA.—Por favor, no vaya a hacerle caso. Es su manera de hablar.

ISABEL.—Si le conoceré yo. *(Avanza tímida y le besa las manos.)* Señora...

ABUELA.—Así no; en los brazos. *(La besa en la frente.)* No te extrañará que te hable de tú desde ahora mismo, ¿verdad? Así todo es más fácil.

ISABEL.—Se lo agradezco.

(La Abuela la contempla intensamente.)

MAURICIO.—¿Qué le andas buscando? ¿Algo escondido detrás de los ojos?

ABUELA.—No; son claros, tranquilos...

MAURICIO.—Y no saben mentir; cuando te mira una vez ya lo ha dicho todo. *(Avanza sonriente hacia Genoveva tendiéndole la mano.)* Supongo que ésta es la famosa Genoveva.

BALBOA.—La misma.

GENOVEVA.—¿Conocía mi nombre el señor?

MAURICIO.—La abuela me escribía siempre todo lo bueno de esta casa; y entre lo bueno no podía faltar usted. Dos hijos emigrados en Méjico, y otro en un barco del Pacífico, ¿no? ¿Todos bien?

GENOVEVA.—Bien. Muchas gracias, señor.

(Vuelve la Doncella con el resto del equipaje.)

FELISA.—Dice el chófer que si vuelve a la aduana a buscar los baúles.

ISABEL.—Mañana; por esta noche con el equipaje de mano sobra.

MAURICIO.—Súbanlo, por favor. *(Ayudando a la Doncella.)* Y entre nosotros no tiene por qué llamarle «el chófer». Llámele simplemente Manolo, como los domingos. *(Guiña un ojo. La Doncella ríe ruborizada.)*

FELISA.—Gracias. *(Subiendo el equipaje con Genoveva.)* Simpático, ¿eh?

GENOVEVA.—Simpático. Y señor.

(Mauricio contempla la casa extasiado.)

MAURICIO, ISABEL, LA ABUELA, BALBOA

MAURICIO.—La casa otra vez..., ¡por fin! Y todo como entonces; la mesa familiar de cedro, los abanicos de rigodón, la poltrona de los buenos consejos...

ABUELA.—Todo viejo; otra época. Pero a las casas les sientan los años como al vino. *(A Isabel.)* ¿Te gusta?

ISABEL.—Más. Me pone no sé qué en la garganta. Una casa así es lo que yo había soñado siempre.

ABUELA.—¿Quieres conocerla toda? Te acompaño.

MAURICIO.—No hace falta; hemos hablado tanto de ella que Isabel podría recorrerla entera con los ojos cerrados.

ABUELA.—¡No...!

ISABEL.—Casi. *(Avanza hacia el centro de la escena con los ojos entornados.)* Ahí la cocina de leña; con la escalera de trampa que baja a la bodega. Allá el despacho del abuelo tallado en nogal, y la biblioteca hasta el techo. Los libros de la Abuela, abajo, en el rincón de cristales. Arriba, la sala grande de los retratos y un reloj suizo de carillón que suena como una catedral pequeña. *(Se oye arriba el carillón, y luego una campanada. Isabel levanta los ojos emocionada.)* Ése! ¡Lo hubiera reconocido entre mil!

67

ABUELA.—¡Sigue, Isabel, sigue...!

ISABEL.—Frente al reloj, una puerta con doble cortina de terciopelo rojo. Y sobre el jardín, el cuarto de estudiante de Mauricio, con la rama del jacarandá asomada a la ventana.

ABUELA.—¿También eso?

ISABEL.—Mauricio me lo dijo tantas veces: «Si algún día regreso quiero volver a trepar por aquella rama.»

ABUELA *(radiante).*—¿Lo ves, Fernando? ¿Ves cómo no se podía cortar? Ven acá, hija. ¡Dios te bendiga!

ISABEL.—¡Abuela...! *(Se echa en sus brazos. El juego la ha ganado y solloza ahogadamente.)*

ABUELA.—¿Pero qué te pasa, criatura? ¿Ahora vas a llorar tú?

MAURICIO.—No hay que hacerle caso; es una sentimental. ¿No has oído que siempre había soñado una casa así?

ABUELA.—¡Y la tendrá, no faltaba más! ¿O para qué es arquitecto su marido?

MAURICIO.—Las casas viejas no las hacemos los arquitectos. Las hace el tiempo.

ABUELA.—Pon tú lo de fuera y basta. Lo de dentro ya lo pondrá ella. ¿Prometido?

MAURICIO.—Prometido.

ABUELA.—¿Así nada más? Aquí, en tu tierra, cuando un marido hace una promesa la firma de otra manera.

BALBOA.—Quizá Isabel no sepa las costumbres.

ISABEL.—Sí, abuelo. *(Besa a Mauricio en la mejilla.)* Gracias, querido. *(A la Abuela.)* ¿Así?

ABUELA *(un poco decepcionada).*—Eso, allá vosotros. Si no recuerdo mal apenas lleváis tres años de casados.

MAURICIO.—Por ahí.

ABUELA.—Por ahí, no. Tres exactamente el seis de octubre.

ISABEL.—Justo; el seis de octubre.

ABUELA.—¿Y a los tres años ya se besan así por allá? Por lo visto la tierra manda mucho.

MAURICIO.—¿Lo estás viendo? Siempre esa dichosa timidez. ¿Qué va a pensar la abuela de nosotros y del Canadá? ¡Un poco de patriotismo!

(Vuelven a besarse, ahora apasionadamente; un poco excesivo por parte de Isabel. La Abuela sonríe encantada. Las criadas, que aparecen en lo alto de la escalera, también. Balboa tose inquieto, cortando.)

DICHOS, GENOVEVA Y FELISA

BALBOA.—¡Muy bien! Pacto sellado. ¿Y ahora no sería cosa de pensar algo práctico? Quizá estén cansados; quizá tengan hambre. ¡Genoveva!

(Bajan las dos.)

MAURICIO.—Ni hablar de eso. En el barco no se hace más que comer a todas horas.

ISABEL.—Yo lo que quisiera es cambiarme un poco.

ABUELA.—¿De verdad no vais a tomar nada? Genoveva se había esmerado tanto preparando la cena.

GENOVEVA.—Después de todo, más vale así. Con tantas cosas se me había olvidado la cocina; y el ponche caliente ya estará frío y el caldo frío ya estará caliente.

ABUELA.—Por lo menos, hay una cosa que no puedes rechazarme. ¿Te acuerdas cuando volvías del colegio gritando…?

MURICIO *(una ilusión exagerada)*.—¡No…! ¿Torta de nuez con miel de abejas?

ABUELA *(feliz, a Genoveva)*.—¿Lo oyes? Cosas pequeñas, ¿eh? ¡Cosas pequeñas! Pronto, sáquelas del horno, y antes que se enfríen, una dedada de miel bien fina por encima.

GENOVEVA.—En seguida.

FELISA.—¿Algo más, señora?

ABUELA.—Nada, Felisa; buenas noches.

FELISA.—Buenas noches a todos. *(Una inclinación especial a Mauricio.)* Buenas noches, señor. *(Sale con Genoveva.)*

LA ABUELA, ISABEL, MAURICIO, BALBOA

ABUELA.—Ven, Isabel, voy a mostrarte tu cuarto. Y a ver si no me das la razón.

ISABEL.—¿En qué, abuela?

ABUELA.—Una discusión con el viejo. Imagínate que se había empeñado en poner dos camas gemelas; que si los tiempos, que si patatín, que si patatán. Pero nosotras a la antigua, ¿verdad, hija? ¡Como Dios manda!

ISABEL *(sobresaltada).*—¿A la antigua?

BALBOA *(rápido, en voz baja).*—Hay al lado otra habitación comunicada. Esté tranquila.

ABUELA.—¿No me contestas, Isabel?

ISABEL.—Sí, abuela; como manda Dios. Vamos.

BALBOA.—Despacio, Eugenia; cuidado con las escaleras.

ABUELA *(subiendo).*—Déjame ahora de monsergas. Cuando un corazón aguanta lo que ha aguantado éste, ya no hay quién pueda con él.

ISABEL.—Apóyese en mí.

ABUELA.—Eso sí. Con un brazo joven al lado, vengan años y escaleras. ¡Y sin bastón! *(Se lo da a Isabel.)* Así. Con la fuerza de mis dos pies. Con la fuerza de mis dos nietos. ¡Así…! *(Sale erguida del brazo de Isabel. Balboa y Mauricio, al quedarse, respiran como quien ha salido de un trance difícil.)*

MAURICIO Y BALBOA

MAURICIO.—¿Qué tal?

BALBOA.—Asombroso. ¡Qué energía y qué fuego! ¡Es otra…, otra! *(Le estrecha las manos.)* Gracias con toda el alma. Nunca podré pagarle lo que está haciendo en esta casa.

MAURICIO.—Por mi parte, encantado. En el fondo soy un artista, y no hay nada que me entusiasme tanto como vencer una dificultad. Lo único que siento es que a partir de ahora todo va a ser demasiado fácil.

BALBOA.—¿Cree que lo peor lo hemos pasado ya?

MAURICIO.—Seguro. Lo peligroso era el primer encuentro. Si en aquel abrazo me falla la emoción y la dejo mirar traquila, estamos perdidos. Por eso la apreté hasta hacerla llorar; unos ojos turbios de lágrimas y veinte años de distancia, ayudan mucho.

BALBOA.—De usted no me extraña; tiene la costumbre y la sangre fría del artista. Pero la muchacha, una principiante, se ha portado maravillosamente.

MAURICIO *(concesivo)*.—No está mal la chica. Tiene condiciones.

BALBOA.—Aquella escena del recuerdo fue impresionante: la catedral pequeña, el rincón de cristales, la rama asomada a la ventana… ¡Si a mí mismo, que le había dibujado los planos, me corrió un escalofrío!

MAURICIO.—Hasta ahí todo fue bien. Pero después… aquel sollozo cuando se echó en brazos de la abuela…

BALBOA.—¿Qué tiene que decir de aquel sollozo? ¿No le pareció natural?

MAURICIO.—Demasiado natural; eso es lo malo. Con las mujeres nunca se sabe. Les prepara usted la escena mejor calculada, y de pronto, cuando llega el momento, mezclan el corazón con el oficio y lo echan todo a perder. No hay que soltarla de la mano.

BALBOA.—Comprendo, sí; es tan nueva, tan espontánea... Puede traicionarse sin querer.

MAURICIO.—¡Y con esa memoria de la abuela! Cuanto menos las dejemos solas mejor.

BALBOA.—¿Y qué piensa hacer ahora?

MAURICIO.—Lo natural en estos casos: la velada familiar, los recuerdos íntimos, los viajes...

BALBOA (mirando receloso a la escalera y bajando la voz).—¿No se le habrá olvidado ningún dato?

MAURICIO.—Pierda cuidado; donde falle la geografía está la imaginación. Procure usted que la velada no sea muy larga, por si acaso. Y pasada esta primera noche, ya no hay peligro.

BALBOA (sintiendo llegar).—Silencio. (Aparece la Abuela en lo alto de la escalera.)

BALBOA, MAURICIO, LA ABUELA

BALBOA.—¿Sola?

ABUELA.—No le hago ninguna falta; conoce la casa mejor que yo.

MAURICIO.—¿Qué tal la pequeña enemiga?

ABUELA (bajando).—Deliciosa de verdad. Sabes elegir, ¿eh? Dos cosas tiene que me encantan.

MAURICIO.—¿Dos nada más? Primera.

ABUELA.—La primera esa manera tan natural de hablar el castellano. ¿No era inglesa la familia?

MAURICIO.—Te diré; los padres, sí, eran ingleses; pero el abuelo... un abuelo, era español.

BALBOA (apresurándose a aceptar la justicación.—Claro, así se explica: es el idioma de la infancia, el de los cuentos...

ABUELA.—Qué infancia ni qué cuentos. Para una mujer enamorada el verdadero idioma es siempre el del marido. Eso es lo que a mí me gusta.

MAURICIO.—Bien dicho. ¿Y la otra cosa?

ABUELA.—La otra, ni tú mismo te habrás dado cuenta. Es algo que tienen muy pocas mujeres: tiene la mirada más linda que los ojos. ¿Te habías fijado?

MAURICIO *(que ni lo sospechaba).*—Ya decía yo que le notaba algo... pero no sabía qué.

ABUELA.—Pues ya sabes qué. Ahora aprende a conocer lo tuyo. *(Al Abuelo).* ¿Le has hablado ya?

BALBOA.—¿De qué?

ABUELA.—Ya me imaginaba que no ibas a tener valor. Pero es necesario... y ahora que estamos solos, mejor.

MAURICIO.—¿Algún secreto?

ABUELA.—Lo único que no me atreví a recordarte nunca en las cartas. Aquella última noche... cuando te fuiste... ¿comprendes? El abuelo no supo lo que hacía; estaba fuera de sí.

BALBOA.—Por favor, basta de recuerdos tristes.

ABUELA.—Afortunadamente supiste abrirte paso. Pero un muchacho solo por el mundo... Si la vida te hubiera arrastrado por otros caminos... *(Con una mirada de reproche al Abuelo.)* ¿De quién sería la culpa? Eso es lo que el abuelo no se ha atrevido a confesar en voz alta. Pero en el fondo de su conciencia yo sé que no ha dejado un solo día de pedirte perdón.

MAURICIO.—Al contrario; hizo lo que debía. Y si a algo debo respeto y gratitud es a esta mano que me hizo hombre en una sola noche. *(Se la estrecha fuerte.)* Gracias, abuelo. *(Se abrazan. La Abuela respira aliviada.)*

DICHOS, GENOVEVA E ISABEL

GENOVEVA *(entrando con una bandeja).*—Un poquito tostadas, pero oliendo a bueno.

MAURICIO *(a Isabel, que aparece en la escalera con un*

nuevo vestido). —¡Pronto, Isa! ¡Han llegado las tortas de nuez con miel de abeja!

ABUELA. —La primera para ti.

ISABEL *(baja corriendo).* —¡Con lo que Mauricio me había hablado y las ganas que tenía yo de probarlas! *(Prueba la que le tiende la Abuela.)*

BALBOA. —¿Te gustan?

ISABEL. —Sabrosas de verdad.

MAURICIO *(con exagerada fruición).* —¡Hum! Sabrosas es poco. Habría que inventar la palabra, y tendrían que hacerla esas mismas manos. ¿Qué te decía yo?

ISABEL. —Tenías razón: es como una comunión de campo.

ABUELA. —¿No hay de estas cosas en tu tierra?

ISABEL. —Allí hay de todo: grandes fábricas de miel, bosques enteros de nogales y millones de casas con abuelas. Pero así, todo junto, y tan nuestro... ¡así, solamente aquí!

ABUELA. —¡Adulona! *(Isabel muerde otra.)*

MAURICIO. —Despacio, se te van a atragantar.

ABUELA. —Con un vinillo alegre entran mejor.

BALBOA. —Hay un Rioja claro y un buen Borgoña viejo.

MAURICIO. —De eso ya estamos cansados. ¿No hay de aquel que se hacía en casa con mosto de pasas y cáscaras de naranja?

GENOVEVA. —¿El dulce?

ABUELA *(feliz).* —¡El mío, Genoveva, el mío...! *(Genoveva lo busca en el aparador y sirve.)* No es un vino de verdad; es un licor para mujeres, pero enredador como un diablo pequeño. Verás, verás.

BALBOA. —¿Vas a beber, tú?

ABUELA. —Esta noche sí, pase lo que pase. Y no te enojes porque va a ser igual. *(A Isabel.)* Te gusta la repostería casera, ¿verdad?

ISABEL. —A mí... la repostería...

BALBOA *(cortando)*.—Le encanta. Es lo primero que me dijo al llegar al puerto.

ABUELA.—Entonces vamos a tener mucho que hacer juntas. *(Levanta su copa. Todos en pie.)* ¡Por la noche más feliz de mi vida! ¡Por tu tierra, Isabel!

MAURICIO.—Todos, Genoveva. Para la abuela lo que hay debajo de su techo todo es familia.

GENOVEVA.—Gracias, señor. Salud y felicidad.

TODOS.—Salud. *(Beben.)*

ABUELA.—¿Qué tal?

ISABEL.—Travieso; un verdadero diablo pequeño. Tiene que darme la receta, ¿o es un secreto de familia?

ABUELA.—Para ti ya no puede haber secretos en esta casa.

BALBOA *(a Genoveva)*.—Retírese a descansar. Gracias.

GENOVEVA.—¿A qué hora el desayuno?

MAURICIO.—Nunca tenemos hora. O nos dormimos como troncos hasta media mañana o salimos al río con el sol.

GENOVEVA.—Hasta mañana, y bienvenidos.

TODOS.—Hasta mañana, Genoveva. Buenas noches. *(Sale Genoveva.)*

LA ABUELA, BALBOA, MAURICIO E ISABEL

ABUELA.—Eso del río no será verdad. Corta como un cuchillo.

MAURICIO.—¿Qué sabéis aquí lo que es el frío? *(Animando a Isabel para meterla en situación.)* ¡Que te diga Isabel si es bueno bañarse en los torrentes con espuma de nieve!

ISABEL.—¡Aquellos torrentes blancos, con los salmones saltando contra la corriente!

ABUELA.—Recuerdo; una vez me lo escribiste, cuando el viaje por el San Lorenzo. ¿No fue allí donde grabaste mi nombre en un roble?

MAURICIO. — Allí fue.

ABUELA. — ¡Me gustaría tanto oírtelo a ti mismo!

MAURICIO. — ¿La excursión a los grandes lagos? ¡Algo de cuento! ¡Imagínate un trineo tirado por catorce perros con cascabeles; ahí los rebaños de ciervos; allá, los bosques de abetos como una Navidad sin fin... y al fondo el mar dulce de los cinco lagos, con las montañas altísimas metiendo la cresta de nieve en el cielo!

ABUELA. — ¡Cómo! ¿Pero hay montañas en la región de los lagos? *(El Abuelo tose.)*

ISABEL. — Mauricio es un optimista y a cualquier cosa llama montañas. Una vez vimos un gato montés subido a un árbol y estuvo una semana hablando del tigre y la selva.

MAURICIO. — Quise decir colinas. En Nueva Escocia como es tan llano, cualquier colina parece una montaña.

ABUELA. — Pero Nueva Escocia está al este. ¿Qué tiene que ver con los cinco lagos que están a la otra punta?

MAURICIO *(dispuesto a discutirlo)*. — ¿Ah, sí? ¿De manera que está al este?

ABUELA. — ¿Vas a decírmelo a mí, que he seguido todos tus viajes día por día en el atlas grande del abuelo?

BALBOA *(tose nuevamente cortando el tema)*. — Un gran país el Canadá... ¡Un gran país! ¿Otra copita?

MAURICIO. — Sí, gracias.

ABUELA. — A mí también; la última.

BALBOA *(sirviendo)*. — ¿Y qué tal tus negocios?

MAURICIO. — ¿Cuáles?

ISABEL. — ¿Cuáles van a ser? Las casas, los grandes hoteles.

ABUELA. — ¿Has hecho alguna iglesia?

MAURICIO. — No; arquitectura civil nada más.

ABUELA. — ¡Qué lástima! Me hubiera gustado verte resolver a ti aquel problema de las catedrales góticas; un tercio de piedra, dos tercios de cristal. ¡El trabajo que me dio a mí aquello!

MAURICIO *(inquieto).*—¿También has estudiado arquitectura?

ABUELA.—No entendía una palabra, pero era una manera de acompañarte desde lejos, cuando los exámenes. ¿Querrás creer que todavía recuerdo algunas fórmulas? «La cúpula esférica, suspendida entre cuatro triángulos curvos, debe tener el diámetro igual a la diagonal del cuadrado del plano.» ¿Qué? Por qué me miras con esa cara? ¿No es así?

MAURICIO *(al Abuelo).*—¿Es así?

BALBOA *(ríe nervioso).*—¡Qué bromista! Y me lo preguntas a mí. ¿Otra copita, Mauricio?

MAURICIO.—¡Un vaso, por favor!

ABUELA.—¡Bien dicho! A mí también.

BALBOA.—Tú, no; que se te suba a la cabeza tu nieto, pase; pero con este vino casero, cuidado.

ABUELA *(graciosamente alegre, sin perder dignidad).*—La última de verdad, Fernando, Fernandito, Fernanditito... un dedito así no más... así, así... *(Poniéndolo vertical poco a poco. Al ver lo que le sirve.)* ¡Tacaño!

MAURICIO.—De manera que la cúpula esférica suspendida entre cuatro triángulos curvos... ¡Eres formidable, abuela!

ABUELA.—Y si un día estudiaras medicina, yo venga microbios. Y si estudiaras astronomía, yo con un gorro de punta y un telescopio así. Pero no; tu oficio es el mejor de todos: los hombres, a hacer casas; las mujeres, a llenarlas... *(Levanta su copa.)* ¡Y viva la arquitectura civil!

ISABEL.—Vamos, abuela; han sido demasiados nervios, y hay que descansar.

ABUELA.—¿Esta noche? ¿Dormir yo esta noche después de veinte años esperándola? ¡Esta noche no me lleva a mí a la cama ni la guardia montada del Canadá! *(Bebe.)*

BALBOA.—Eugenia, por tu bien...

ABUELA.—¡Y ahora, música, Isabel! Las ganas que

tenía yo de oírte tocar aquella balada irlandesa: «My heart is waiting for you.»

ISABEL. — ¿Qué?

ABUELA. — «My heart is waiting for you». ¿No se dice así en inglés?

ISABEL *(aterrada).* — Oh, yes…, yes…

ABUELA. — Es la canción que más me gusta. La misma que tú estabas tocando el día que te conoció Mauricio, ¿no te acuerdas?

ISABEL *(con mayor soltura).* — ¡Oh, yes, yes, yes!

ABUELA. — ¡Al piano, querida, al piano! *(Va al piano sin abandonar su copa, abre la tapa y quita el paño.)*

BALBOA. — No seas loca, ¡música a estas horas!

MAURICIO *(rápido a Isabel, tomándola de un brazo).* — ¿Sabes tocar el piano?

ISABEL. — ¡El «Bolero» de Ravel, con un dedo!

MAURICIO. — ¡Qué espanto! Esta noche no, abuela; Isabel está rendida del viaje.

ABUELA. — No hay descanso como la música. ¡Vamos, vamos!

MAURICIO. — Mañana, otro día…

ABUELA. — ¿Y por qué no ahora?

MAURICIO. — Serán supersticiones, pero siempre que Isabel se ha puesto a tocar esa balada, siempre ha ocurrido algo malo. *(En este momento, se oye el cristal de una copa que se rompe. Isabel, que se ha acercado a la mesa, de espaldas al público, da un grito y retira la mano.)* ¿No te dije? ¿Qué ha sido?

ISABEL. — Nada…, el cristal…

ABUELA. — ¿Te has herido la mano?

ISABEL. — No tiene importancia; un arañazo apenas.

BALBOA. — Pronto; alcohol, una venda…

ABUELA. — Deja; con el licor y el pañuelo es lo mismo. *(Empapa su pañuelo en el licor y le venda la mano.)* Así…, pobre hija; ¿te duele?

ISABEL.—Les juro que no es nada. Lo único que siento es que hemos dejado a la abuela sin música.

MAURICIO.—Eso no. Tocaré yo algo mío.

ABUELA.—¿Pero tú compones también?

MAURICIO.—A ratos..., tonterías para vengarme de los números. Como ésta. *(Se sienta al piano y juega ágilmente los dedos como improvisando.)* El mes de abril en el bosque..., está empezando el deshielo. Éste es el deshielo. *(Acordes en los graves.)* Las ardillas saltan de rama en rama. Éstas son las ardillas *(Arpegios saltarines en los agudos.)* Y el canto del cuco anuncia el buen tiempo. Aquí está el cuco. *(Canta.)*

Cucú, cucú,
cucú, cucú,
cu-cuando salga el sol
cucú, cucú,
cucú, cucú,
florecerá el amor.

El sol dijo «quizá»;
la noche dijo «no».
¿Cu-cuándo dirá «sí»
el cuco del amor?
Cucú, cucú,
cucú, cucú,
¿cu-cuándo dirá sí
cucú, cucú,
cucú, cucú,
tu co-co-corazón?

¿Te gusta?

ABUELA.—¡Tuya tenía que ser! *(Levanta su copa.)* Por el nieto más nieto de todos los nietos... ¡y viva la música civil! ¡¡Hoopy!! *(Risas.)* A ver, otra vez. ¡Todos! El deshielo; primero el deshielo. Las ardillas: ahora las ardillas. ¡Y ahí sale el cuco! *(Repiten la canción, llevando Mauricio la voz cantante, y contestando ellos al canto del cuco y coreando los versos pares. Risas. Apluasos.)* Otro dedito, Fernando. Por el cuco del buen tiempo. El último, último, últ... *(Desfallece un momento llevándose la mano al corazón. Isabel corre a sostenerla.)*

ISABEL.—¡Abuela!

BALBOA.—Basta, Eugenia. A descansar.

ABUELA *(se recobra. Sonríe).*—No ha sido nada. Este maldito pequeño que me da todo lo bueno y todo lo malo. Pero no vayáis a creer que estoy mareada. Un poco de niebla, eso sí... ¿Tengo que acostarme ya, tan pronto?

ISABEL.—Es mejor así. Mañana seguiremos.

ABUELA.—¡Mañana! Con las largas que son las noches. Que descanses, Mauricio. Hasta mañana, hija. *(La abraza. Isabel la acompaña hasta la puerta.)*

BALBOA *(a Mauricio).*—Si tienes costumbre de leer antes de dormir ya sabes dónde está la biblioteca. ¿Quieres algún libro?

MAURICIO.—¡Un tratado de arquitectura y un atlas del Canadá!

ABUELA.—¿Vamos, Fernando? Mañana, la balada irlandesa, ¿eh? Y a ver si sois capaces de soñar algo mejor que vosotros mismos.

> *(Sale con el Abuelo, riendo feliz y repitiendo el estribillo. Al quedarse solos, Mauricio resopla desabrochándose el cuello. Isabel se deja caer agotada en un sillón.)*

ISABEL Y MAURICIO

MAURICIO.—Vaya, por fin salimos del paso.

ISABEL.—Ojalá terminara todo aquí. Yo no he sentido una angustia más grande en mi vida; es como esos equilibristas que andan descalzos entre cuchillos.

MAURICIO.—Realmente la señora es peligrosa. ¡Tiene una memoria inexorable!

ISABEL.—Son años y años de no pensar en otra cosa. ¿Qué sería de esa pobre mujer si de pronto descubriera la verdad?

MAURICIO.—De nosotros depende. Nos hemos metido en este callejón y ya es tarde para volverse atrás.

ISABEL.—¿Y mañana esta farsa otra vez? ¿Y hasta cuándo?

MAURICIO.—Solamente unos días. Después, un falso cable llamándonos urgentemente, y ahí queda el recuerdo para siempre.

ISABEL.—¿Por qué me encargó a mí esto? ¡No puedo, Mauricio, no puedo!

MAURICIO.—¿Tanto miedo tiene?

ISABEL.—Por ella. Será hermoso lo que estamos haciendo, pero al verla entregada como una niña feliz, tuve que hacer un esfuerzo para no gritar la verdad y pedirle perdón. Es un juego demasiado cruel.

MAURICIO.—Lo que yo me temía: el corazón metiéndose en la comedia. Así no iremos a ninguna parte.

ISABEL.—He hecho todo lo que pude. ¿No me he portado bien?

MAURICIO.—Al principio, sí; aquella timidez de la llegada, aquella escena de la evocación, muy bien. Pero después, aquel sollozo cuando te echaste en sus brazos…

ISABEL.—No podía más. También yo sé lo que es vivir sola, y esperando.

MAURICIO.—Eso es lo que hay que corregir desde el principio. El arte no se hace aquí, señorita. *(El corazón.)* Se hace aquí, aquí. *(La frente.)*

ISABEL.—¿Usted no se emocionó ni un momento?

MAURICIO.—La emoción verdadera nunca es artística. Por ejemplo: ¿te fijaste con qué ilusión me comí las tortas de nuez con miel? Pues si hay dos cosas que yo no puedo aguantar son la miel y las nueces. Esto es lo que yo llamo una conciencia artística. *(Dando por hecho que no.)* ¿A ti te gustaron?

ISABEL.—¡Deliciosas!

MAURICIO.—Es una opinión.

ISABEL.—¿Entonces aquel temblor en la voz al verla por primera vez…?

MAURICIO.—Es un recurso elemental; hasta los racionistas de teatro lo saben.

ISABEL.—¿Y aquel abrazo, largo y en silencio, hasta hacerla llorar…?

MAURICIO.—Todo estaba previsto: con lágrimas en los ojos es más difícil ver claro. ¿Comprendes ahora?

(Isabel lo mira como si hubiera descendido de estatura.)

ISABEL.—Ahora, sí. Por lo visto, tengo mucho que aprender.

MAURICIO.—Bastante; pero tú llegarás, Isabel.

ISABEL.—¿Por qué me sigue llamando Isabel si nadie nos oye? Mi nombre es Marta.

MAURICIO.—Aquí no. Estamos viviendo otra vida y hay que olvidar completamente la nuestra. Nada de confusiones.

ISABEL.—Está bien. Dígame las faltas de esta noche para corregirlas.

MAURICIO.—Por lo pronto, el beso. Mejor dicho, los dos besos. El primero demasiado…

ISABEL.—¿Fraternal?

MAURICIO.—Fraternal. Tres años de matrimonio no es tiempo bastante para esa frialdad. En cambio el segundo…, ¡el segundo tampoco era un beso de tres años!

ISABEL.—¿Demasiado fuerte?

MAURICIO.—Demasiado. En arte, la medida es el todo.

ISABEL.—Disculpe; no volverá a ocurrir.

MAURICIO.—Así lo espero. Segundo: no me trates nunca de usted. Recuerda que soy tu marido.

ISABEL.—Pero estando solos...

MAURICIO.—Ni estando solos; hay que acostumbrarse. ¿Tú sabes lo que hacen los amantes inteligentes cuando tienen que vivir en sociedad? Se acostumbran a tratarse de usted en la intimidad para no equivocarse luego en público. Nosotros tenemos que hacer lo mismo, al revés.

ISABEL.—Perdón, no sabía. Y lo del idioma, ¿cómo lo arreglamos?

MAURICIO.—¿Qué idioma?

ISABEL.—El mío, el inglés. La abuela ya has visto que lo sabe. Y yo, por muy básico que sea, no pretenderás que me lo estudie en una noche.

MAURICIO.—Habrá que hacer un esfuerzo. Hoy el inglés se ha convertido en un idioma tan importante que hasta los norteamericanos van a tener que aprenderlo.

ISABEL.—Oh, yes, yes.

MAURICIO.—¿Te estás burlando?

ISABEL.—¿Del maestro? Sería una falta de respeto imperdonable.

MAURICIO.—No, no, sin ironías; a ti te está pasando algo. Desde hace un momento no me miras como antes. Pareces otra.

ISABEL.—¿No serás tú el que me está pareciendo otro a mí? *(Se acerca amistosa.)* Escucha, Mauricio: el otro día, cuando me dijiste que tu imitador de pájaros cantaba mejor que el ruiseñor verdadero, hablabas en serio, ¿no?

MAURICIO.—Completamente en serio. Un simple animal, por maravilloso que sea, no puede compararse nunca con un artista.

ISABEL.—Entonces, ¿de verdad crees que el arte vale más que la vida?

MAURICIO.—Siempre. Mira ese jacarandá del jardín: hoy vale porque da flor y sombra, pero mañana, cuando se muera como mueren los árboles, en silencio y de pie, nadie volverá a acordarse de él. En cambio, si lo hubiera pintado un gran artista, viviría eternamente. ¿Algo más?

ISABEL.—Nada más. Es todo lo que quería saber. *(Se dirige a la escalera.)*

MAURICIO.—Un momento. Hasta ahora sólo te he corregido los errores; pero no sería justo si no elogiara también los aciertos.

ISABEL.—¿He tenido algún acierto? Menos mal.

MAURICIO.—Uno sobre todo: el truco para no tocar el piano.

ISABEL.—Ah, lo de la mano herida. ¿Estuvo bien?

MAURICIO.—Ni yo mismo lo hubiera hecho mejor. ¿Con qué te pintaste el rojo de la sangre? ¿Con la barra de los labios?

ISABEL.—Con la barra de los labios.

MAURICIO.—Me lo imaginé en seguida. ¡Felicitaciones! *(Le estrecha la mano. Isabel reprime una queja retirando la mano. Mauricio la mira sorprendido.)* ¿Qué te pasa?

ISABEL.—Nada..., los nervios. *(Va a la escalera. Mauricio la detiene imperativo y le arranca el pañuelo.)*

MAURICIO.—¡Espera! ¿Pero te has clavado el cristal de verdad?

ISABEL.—No se me ocurrió otra cosa. Una mentira hay que inventarla; en cambio la verdad es tan fácil. Buenas noches. *(Vuelve a ponerse el pañuelo y comienza a subir.)*

MAURICIO.—¿No te ofenderás si te digo una cosa?

ISABEL.—Di.

MAURICIO.—Tienes demasiado corazón. Nunca serás una verdadera artista.

ISABEL.—Gracias. Es lo mejor que me has dicho esta noche. *(Va a seguir. Se vuelve.)* ¿Y tú no te ofendes si yo te digo otra?

MAURICIO.—Di.

ISABEL.—Si algún día tuvieran que desaparecer del

mundo todos los árboles menos uno…, a mí me gustaría que fuera ese jacarandá. ¿Perdonada?

MAURICIO.—Perdonada.

ISABEL.—Buenas noches, Mauricio.

MAURICIO.—Hasta mañana… Marta-Isabel.

(Queda apoyado en la baranda mirándola subir. Arriba vuelve a oírse el carillón.)

Telón

ACTO TERCERO

PRIMER CUADRO

En el mismo lugar, unos días después. Tarde. La escena, sola. Llama el teléfono, y a poco acude la Doncella. Mauricio baja la escalera.

FELISA Y MAURICIO

FELISA.—¡Hola! ¿Cómo? Pero no, señorita, ha marcado mal otra vez. De nada.

MAURICIO.—¿Quién era?

FELISA.—Número equivocado. Ya van tres veces que llama la misma voz y preguntando por la misma dirección.

MAURICIO.—Habrá un cruce en la línea. ¿Por quién preguntaba?

FELISA.—Avenida de los Aromos, dos, cuatro, cuatro, ocho. ¡Imagínese al otro extremo! (*Mauricio toma una manzana del frutero, la limpia con la manga y la muerde.*) ¿Necesita algo el señor?

MAURICIO.—Nada, gracias.

FELISA.—¿Le traigo un cuchillo y un plato?

MAURICIO.—¡Nunca! Con plato y cuchillo sería un alimento; así es una naturaleza muerta.

FELISA.—¿Cómo?

MAURICIO.—Nada, Felisa. Hasta luego.

FELISA.—Para servirle, señor.

> (*Mauricio espera a que salga y luego acude al teléfono. Habla mientras come su manzana.*)

MAURICIO.—¡Hola! ¿Helena? Sí, claro que comprendí. ¿Alguna novedad? ¡Ajá! Supongo que el «F-48» estará contento con esos dos barcos griegos: ¡su idioma predilecto! Pero, por favor, que no les hable a los muchachos del Partenón. Por aquí, espléndido; salvo la primera noche, que hubo sus tropiezos, todo sobre ruedas. La abuela, un encanto; si uno pudiera elegir yo no elegiría otra. ¿Quién, Isabel? Feliz y progresando día por día; va a ser una colaboradora excelente. Por ella, aquí nos quedaríamos toda la vida, pero ha llegado la hora de echar este telón. Prepárame un cable del Canadá con el siguiente texto: «Aprobado oficialmente proyecto casas baratas barriada obrera urge presencia inmediata». Firma... Hamilton. Repita. De acuerdo. Hágamelo llegar mañana temprano. Y para la tarde dos falsos pasajes de avión. Nada más. Gracias. Hasta mañana.

(Cuelga y sale hacia el jardín silbando su canción. Por izquierda entre la Abuela, nerviosa, seguida por Genoveva.)

LA ABUELA Y GENOVEVA

ABUELA.—No, no, Genoveva, no puede ser; por más vueltas que le doy no acaba de entrarme en la cabeza. ¿Está usted segura?

GENOVEVA.—Tampoco yo quería creerlo; pero cuando le digo que lo he visto con mis propios ojos.

ABUELA.—¿Por qué no me avisó antes?

GENOVEVA.—La verdad, no me atreví; son cosas delicadas. Si la señora no me hubiera acorralado a preguntas, nunca habría dicho una palabra.

ABUELA.—Mal hecho; hay que poner eso en claro de una vez, y cuanto antes mejor.

GENOVEVA.—¿Y si fuera yo la que está equivocada?

ABUELA.—No sería usted sola. También yo he ido atando cabos todos estos días, y por todas partes salimos a

lo mismo. Ya me decía el corazón que algo extraño había
aquí.

GENOVEVA.—¿La señora sospechaba también?

ABUELA.—Desde la primera noche: una mirada aquí,
una palabra suelta allá… Pero cualquier cosa podía imaginar menos esto. ¿Dónde está Isabel?

GENOVEVA.—¿Va a hablarle?

ABUELA.—Y ahora mismo. ¿Le parece que soy yo
mujer para andar espiando la verdad por detrás de las
puertas? ¿Dónde está Isabel?

GENOVEVA.—Regando las hortensias.

ABUELA.—Llámela.

GENOVEVA.—Por favor, señora, piénselo…

ABUELA.—¡Que la llame, digo! *(Genoveva se asoma al
jardín llamando.)*

GENOVEVA.—¡Isabel…! ¡Niña Isabel…! Ya viene.

ABUELA.—Déjenos solas.

*(Sale Genoveva hacia la cocina. Llega Isabel con un brazado
de hortensias.)*

LA ABUELA E ISABEL

ISABEL.—¿Me llamaba?

ABUELA.—Acércate. Mírame de frente y contesta sin
vacilar. ¿Qué me andas ocultando todos estos días?

ISABEL.—¿Yo?

ABUELA.—Los dos.

ISABEL.—¡Abuela!

ABUELA.—Sin desviar los ojos. ¡Contesta!

ISABEL.—No la entiendo.

ABUELA.—De sobra me entiendes, y es inútil seguir
fingiendo. Comprendo que es una confesión demasiado
íntima, quizá dolorosa, pero no te estoy hablando como

una abuela a una nieta. De mujer a mujer, Isabel, ¿qué pasa entre Mauricio y tú?

ISABEL.—Por lo que más quiera, ¿qué es lo que está sospechando?

ABUELA.—No son sospechas, hija; es la realidad. Esta mañana, cuando Genoveva subió el desayuno, tú estabas dormida en tu cuarto sola. Mauricio estaba durmiendo en la habitación de al lado. ¿Puedes explicarme qué significa eso?

ISABEL *(aliviada)*.—¿Lo de las habitaciones...? ¿Y eso era todo? *(Ríe, nerviosa.)*

ABUELA.—No veo que tenga ninguna gracia; al contrario. Esa misma risa nerviosa, ¿no quiere decir nada?

ISABEL.—Nada. Es que me hablaba usted en un tono... como si hubiera descubierto algo terrible.

ABUELA.—¿Te parece poco? Por lo pronto, un matrimonio que duerme separado es una inmoralidad. Pero puede significar algo peor: un amor terminado.

ISABEL.—¡Pero no, abuela! ¿Cómo puede ni pensarlo siquiera?

ABUELA.—¿No tendría motivos?

ISABEL.—Ninguno. Simplemente, lo que pasa es que por la ventana del jardín entran mosquitos. Mauricio no puede resistirlos.

ABUELA.—¿Y tú, sí? ¿Qué matrimonio es éste que se deja separar por un mosquito?

ISABEL.—No era uno, ni dos, ni tres. ¡Era una plaga!

ABUELA.—¡Ni aun así! Cuando yo tenía tu edad no me hubieran separado de mi marido ni las diez plagas de Egipto. Tienes que prometerme que no volverá a ocurrir.

ISABEL.—Pierda cuidado. ¿Pero qué importancia tiene una separación de momento?

ABUELA.—No es un momento lo que me preocupa; son todos los minutos de toda la vida. Cuando se llega a mi edad ya no hay más felicidad posible que presenciar la de los otros; y sería muy triste que por verme feliz a mí estuvierais fingiendo algo que no sentís.

ISABEL.—¿Ha llegado a pensar que Mauricio y yo no nos queremos?

ABUELA.—Delante de mí, demasiado; pero después… Ayer, cuando tomabais el té en el jardín, yo estaba en la ventana. Ni una mirada, ni una palabra entre los dos; él pensaba en sus cosas, tú revolviendo tu té con los ojos bajos. Cuando fuiste a tomarlo, ya estaba frío.

ISABEL.—Un silencio no quiere decir nada. Hay tantas maneras de estar juntos un hombre y una mujer.

ABUELA.—¿Podrías jurarme, con la mano en el corazón, que eres completamente feliz?

ISABEL.—¿Por qué me lo pregunta?

ABUELA.—No sé… Hay algo raro entre vosotros. Te noto acobardada delante de él, como si él fuera el que manda. Y en el verdadero amor no manda nadie; obedecen los dos.

ISABEL.—¡Mauricio es tan superior a mí en todo! No necesita mandar para que yo sea feliz obedeciendo.

ABUELA.—Malo es que lo pienses, pero por Dios, que no lo sepa él o estás perdida. Siempre se ha dicho que el amor es un poco como esos carritos chinos: uno muy cómodo, sentado dentro, y el otro tirando. Por lo visto, esta vez te ha tocado a ti tirar del carrito.

ISABEL.—¡Y qué importa si es mío lo que va dentro! Ojalá fuera más pesada la carga y más duro el camino para merecerlo mejor a la llegada.

ABUELA.—¡Pero qué estás diciendo! Hablas de tu marido como si no fuera tuyo; como si tuvieras que ganártelo aún.

ISABEL.—Es que usted no puede imaginar todo lo que es Mauricio para mí. Es más que el amor, es la vida entera. El día que le conocí estaba tan desesperada que me habría dejado morir en un rincón como un perro con frío. Él pasó junto a mí con un ramo de rosas y una palabra; y aquella palabra sola me devolvió de golpe todo lo que creía perdido. En aquel momento comprendí desde dentro que iba a ser suya para siempre, aunque fuera de lejos, aunque él no volviera a mirarme nunca más. ¡Y aquí me tiene, atada a su carro, pero feliz porque es suyo!

ABUELA.—¿Tan loca estás, hija?

ISABEL.—Si la locura es eso, bendita sea la locura. Benditos los ojos que me miran aunque no me vean. Bendita su mano en mi cintura aunque no sea más que un sueño. Escuche, abuela... *(Se arrodilla a su lado.)* El otro día me preguntaba usted por qué no quería hablar otro idioma que el de Mauricio. ¿Comprende ahora por qué? Un idioma no son las palabras, son las cosas, es la vida misma. Cuando yo era niña, mi madre me decía «querida»; era una palabra. Cuando iba a la escuela, la maestra me decía «querida»; era otra palabra. Pero la primera vez que Mauricio, sin voz casi, me dijo «¡querida!», aquello ya no era una palabra: era una cosa viva que se abrazaba a las entrañas y hacía temblar las rodillas. Era como si fuera el primer día del mundo y nunca se hubiera querido nadie antes que nosotros. Por la noche no podía dormir. «¡Querida, querida, querida...!» Allí estaba la palabra viva rebotándome en los oídos, en la almohada, en la sangre. ¡Qué importa ahora que Mauricio no me mire si él me llena los ojos! ¡Qué me importa que el ramo de rosas siga diciendo «mañana» si él me dio fuerzas para esperarlo todo! Si no hace falta que nos quieran..., ¡si basta querer para ser feliz, abuela, feliz, feliz...! *(Ha ido exaltándose con sus propias palabras hasta terminar llorando en el regazo.)*

ABUELA.—Basta, criatura, basta. La verdad es que no sabe una a qué carta quedarse. Hace un momento tenía la preocupación de que no le querías bastante y ahora casi me da miedo verte quererle tanto. Pero de esto ni una palabra a él, ¿lo oyes? Aprovecha ahora que eres joven para subirte al carro, y que tire él un poquito, que para eso es hombre.

(Vuelve Mauricio. Isabel se levanta.)

La Abuela, Isabel, Mauricio

MAURICIO.—¿Confidencias de suegra y nuera? Malo para el marido.

ABUELA.—¿Por qué supones que estábamos hablando de ti? ¿No hay otras cosas de qué hablar en el mundo?

MAURICIO.—Desde luego, y mucho más importantes. ¿Puedo saber cuáles?

ISABEL.—No vale la pena; cosas de mujeres.

MAURICIO.—Me lo imaginé. Hablando de trapos; seguro.

ABUELA.—Seguro. Dios te conserve el olfato, hijo. A los hombres tan inteligentes como tú no les vendría mal de vez en cuando bajar de las nubes… *(Mirando a Isabel)* y darse una vuelta por esta pobre tierra.

MAURICIO.—¿Isabel te ha dicho algo contra mí?

ISABEL.—Al contrario; le estaba contando todo lo feliz que soy.

MAURICIO.—Ya. ¿Y por eso has llorado?

ABUELA.—Algunas mujeres tienen una extraña manera de ser felices. Aprende tú, que estás demasiado acostumbrado a que todo te caiga de arriba. Y ojo cómo la tratas en adelante, que no está sola; ahora ya somos dos. *(Saca del armario una cajita de cartón.)* Toma, hijo; por si te hace falta.

MAURICIO.—¿Qué es esto?

ABUELA.—Contra los mosquitos. *(Sale al jardín.)*

Isabel y Mauricio

MAURICIO.—¿Qué mosquitos?

ISABEL.—Unos que he tenido que inventar. Esta mañana Genoveva te encontró durmiendo en la habitación de huéspedes.

MAURICIO.—¡Tenía que ser! El único día que se me olvidó echar la llave.

ISABEL.—No te preocupes, que ya está arreglado.

MAURICIO.—¿Seguro? ¿No habrá sospechado nada?

ISABEL.—Nada. A tu lado se aprende a mentir con tanta naturalidad.

MAURICIO.—Es una manera muy delicada de llamarme embustero.

ISABEL.—Imaginativo. Era un elogio profesional.

MAURICIO.—Supongo que habrás pasado un mal rato de nervios, como siempre.

ISABEL.—A todo se acostumbra una.

MAURICIO.—Afortunadamente ya queda poco. Tengo una gran noticia para ti.

ISABEL.—Menos mal.

MAURICIO.—Mañana temprano recibiremos un cable del Canadá, y por la tarde dos pasajes de avión.

ISABEL (se estremece).—¡No...! ¿Quieres decir que nos vamos ya?

MAURICIO.—Ya. Helena se encarga de todo.

ISABEL.—¿Y ésa era la gran noticia?

MAURICIO.—Si te parece poco. Se acabaron los sobresaltos y esa especie de remordimiento que no te dejaba dormir. Ahora, la última velada familiar, una despedida llena de promesas... ¡y al aire libre otra vez! Misión cumplida. ¿No estás contenta?

ISABEL.—Mucho..., muy contenta.

MAURICIO.—Con esa cara nadie lo diría.

ISABEL.—Así de pronto, duele un poco...

MAURICIO.—No pensarías que íbamos a quedarnos toda la vida. Tú misma me has dicho muchas veces que era una farsa cruel, superior a tus fuerzas.

ISABEL.—Así era al principio. Sólo yo sé lo que me

costó entrar en esto; veremos ahora lo que me cuesta salir. ¿Mañana?

MAURICIO.—Mañana.

ISABEL.—¿No podrías esperar un poco más, un día siquiera?

MAURICIO.—¿Por qué? Todo lo que podía hacerse por esa mujer está hecho ya.

ISABEL.—No es por ella, Mauricio; ahora es por mí. Necesito acostumbrarme a la idea.

MAURICIO.—Cada vez te entiendo menos. Te he dado para empezar uno de los trabajos más difíciles; lo has hecho con una naturalidad pasmosa, como una recién casada feliz de verdad. Y ahora, cuando ya está cayendo el telón, ¿vas a temblar otra vez?

ISABEL.—No sé... Me da miedo eso que tú llamarías la gran escena final.

MAURICIO.—¿La despedida? Es la más fácil de todas: un pequeño temblor al hacer los baúles, largas miradas a la casa como si fueras acariciando uno por uno todos los rincones... Ni siquiera es necesario hablar. De vez en cuando deja caer algo de las manos, así como sin querer: una cosa que cae en silencio tiene más emoción que una palabra. ¿Por qué me miras así?

ISABEL.—Te admiro.

MAURICIO.—¿Ironías otra vez?

ISABEL.—Sin ironías: te admiro de verdad. Es asombrosa esa manera que tenéis los soñadores de no ver claro más que lo que está lejos. Dime, Mauricio, ¿de qué color son los ojos de la Gioconda?

MAURICIO.—Aceituna oscura.

ISABEL.—¿De qué color son los ojos de las sirenas?

MAURICIO.—Verde mar.

ISABEL.—¿De qué color son los míos?

MAURICIO.—¿Los tuyos?... (*Duda. Se acerca a mirar. Ella entorna los párpados. Sonríe desconcertado.*) No lo tomes a mal. Parecerá una desatención, pero te juro que en este momento tampoco sabría decir cómo son los míos.

ISABEL.—Pardos, tirando a avellana. Con una chispita de oro cuando te ríes. Con una niebla gris cuando hablas y estás pensando en otra cosa.

MAURICIO.—Perdona.

ISABEL.—De nada. *(Sonríe, dominándose.)* Y si mañana, al hacer los baúles, se me resbala algo de entre las manos, «así como si querer», pierde cuidado que no será la emoción; sólo será porque he tenido un buen maestro. Gracias, Mauricio.

(Sale al jardín. Ha ido oscureciendo. Fuera, las sombras largas de la tarde. Mauricio enciende pensativo un cigarrillo. Se oye la campanilla de la calle, y a poco la Doncella cruza a abrir. El señor Balboa viene de sus habitaciones, con un libro en la mano.)

MAURICIO, FELISA, BALBOA

BALBOA.—Si son los diarios, páselos a mi despacho sin abrir.

FELISA.—Bien, señor. *(Sale al vestíbulo.)*

BALBOA.—¿No era éste el libro que andabas buscando? «Los últimos descubrimientos de la arqueología.»

MAURICIO.—No tiene interés. He hecho yo uno más sensacional.

BALBOA.—¡Tú! ¿Cuándo?

MAURICIO.—Ahora mismo. Después de largas excavaciones, acabo de descubrir que soy un perfecto imbécil. *(Tira el cigarrillo que acaba de encender y sale al jardín llamando.)* ¡Isabel…!

(Vuelve la Doncella.)

FELISA.—Es una visita para el señor.

BALBOA.—¡A estas horas! No espero a nadie, ni estoy para nadie.

(La Doncella va a obedecer. El Otro aparece en el umbral.)

BALBOA Y EL OTRO

OTRO.—Para mí, sí. He hecho un viaje demasiado largo para que se me cierre esta puerta.

BALBOA.—¿Con qué derecho entra así en mi casa? Déjenos, Felisa. *(La Doncella sale. Balboa enciende las luces.)* ¿Quién es usted?

OTRO *(avanza unos pasos. Tira el sombrero sobre un sillón).*—¿Tanto he cambiado en estos veinte años?

BALBOA *(inmóvil, sin voz).*—¡Mauricio...!

OTRO.—No veo que sea para asombrarse así, como si fuera un fantasma. ¿No recibiste mi cable anunciando el viaje?

BALBOA.—No es posible... El «Saturnia» se hundió en alta mar con todo el pasaje.

OTRO.—Y tú te alegraste al saberlo, ¿verdad? Es natural; la mancha de la familia lavada lejos y para siempre. Pero ya ves que no; cuando se lleva una vida como la mía nunca se viaja en el barco que se anuncia; ni con el nombre propio. ¡La policía suele ser tan curiosa!

BALBOA.—Basta, Mauricio. ¿A qué vienes?

OTRO.—¿Y necesitas preguntarlo? ¡Qué falta de imaginación! Por lo menos no supondrás que vengo a ponerme de rodillas y a llorar sobre mis pecados.

BALBOA.—No; te conozco bien. He seguido toda tu vida y sé lo que puede esperarse de ti.

OTRO.—Me alegro; así se ahorran muchas explicaciones enojosas. Sobre todo para ti.

BALBOA.—¿Para mí?

OTRO.—Es lo menos que podía esperar. ¿No te has sentido responsable en ningún momento de esa vida que yo arrastraba lejos de mi casa?

BALBOA.—No trates de descargar tus culpas sobre los

demás. Todo lo que has hecho allá, ya lo habías empezado aquí.

OTRO.—¿De manera que la conciencia tranquila?

BALBOA.—Hice lo que debía, y si es necesario volvería a hacerlo cien veces.

OTRO.—Por tu gusto, quizá; pero ahora me temo que no vas a poder. Aquel muchacho de entonces está ya un poco duro.

BALBOA.—¿Es una amenaza?

OTRO.—Una advertencia simplemente. Sé por experiencia que no hay caminos hechos para nadie; cada uno tiene que abrirse el suyo como pueda. Y el mío, hoy, pasa por esta casa.

BALBOA.—De una vez, por favor, ¿qué es lo que vienes a buscar?

OTRO.—Si fuera a reclamar mis derechos, todo lo que tú me quitaste en una noche: una vida regalada, una buena mesa, una familia honorable.

BALBOA.—¡No habrás pensado quedarte a vivir aquí!

OTRO.—No, estáte tranquilo. Eso que tú llamas el hogar no se ha hecho para mí, y sería demasiado incómodo para los dos.

BALBOA.—¿Qué pretendes, entonces?

OTRO.—Te he dicho primero todo lo que podría exigir. Pero soy razonable y voy a conformarme sólo con una parte. En una palabra, abuelo, necesito dinero.

BALBOA.—No podía ser otra cosa. ¿Cuánto?

OTRO.—Ahí está lo malo, que por mucho que lo sienta no puedo hacerte un precio de amigos. (*Dejando repentinamente el tono irónico.*) Estoy comprometido gravemente, ¿sabes? No con la policía, que a eso ya estoy acostumbrado. Ahora es con los compañeros, y ésos no perdonan.

BALBOA.—No te pido explicaciones. ¿Cuánto?

OTRO.—¿Te parecería mucho doscientos mil?

BALBOA.—¿Estás loco? ¿De dónde piensas que puedo sacar yo esa cantidad?

OTRO.—Desde luego no esperaba que la tuvieras ahí en el bolsillo. Pero puedes encontrarla; y sin ir muy lejos…, sin salir de aquí. Si no he calculado mal, solamente la casa vale el doble.

BALBOA.—¡La casa! ¿Vender esta casa?

OTRO.—Para dos viejos solos es demasiado grande.

BALBOA.—¿Serías capaz de dejarnos en la calle?

OTRO (rencoroso).—¿No me dejaste tú a mí hace veinte años? Todavía recuerdo aquel porrazo, y a veces todavía me arden tus dedos aquí. Fue la primera y la última vez que alguien se atrevió a ponerme la mano en la cara.

BALBOA.—Eso es lo que te trajo, ¿verdad? ¡Qué bien te comprendo ahora! No es sólo el dinero; es toda esa resaca turbia de la venganza y el resentimiento.

OTRO.—Sería cosa de discutirlo, pero no tengo tiempo. Necesito esa cantidad mañana mismo. ¿Hecho?

BALBOA.—¡Ni mañana ni nunca!

OTRO.—Piénsalo despacio, abuelo. Por mí ya sé que no te importaría. Pero tú tienes un nombre intachable. ¿Te gustaría verlo en letras de escándalo en los periódicos y en las fichas policiales?

BALBOA.—No puedo. Aunque quisiera, te juro que no puedo.

OTRO.—De ti no me extraña; siempre te costó trabajo abrir la caja de hierro. Pero hay alguien que no me dejará morir estúpidamente junto a un farol, pudiendo salvarme. ¿Dónde está la abuela?

BALBOA.—¡No! ¡La abuela, no! Pediré a mis amigos, reuniré lo que pueda. Llévate los valores, las alhajas…

OTRO.—No he venido a pedir limosna. Vengo a buscar lo mío, y tú sabes muy bien que la abuela no sería capaz de negármelo. ¿Por qué no quieres que hable con ella?

BALBOA.—Escucha, Mauricio, por piedad. La abuela no sabe nada de tu verdadera vida. Para ella aquel mucha-

LOS ÁRBOLES MUEREN DE PIE

cho loco de hace veinte años es ahora un hombre feliz que
vuelve lleno de recuerdos a casa de los suyos.

OTRO. — ¡Ajá! Una historia ejemplar. Lo malo es que
ya pasé la edad y no me gustan las historietas. ¿Dónde está
la abuela? *(Avanza. El Abuelo le corta el paso.)*

BALBOA. — ¡Piensa todo lo que puedes destruir en un
momento!

OTRO. — No tengo tiempo que perder. ¡Aparta!

BALBOA. — ¡No! ¡De aquí no pasas!

OTRO *(sujetándole).* — No habrás pensado que puedes
levantarme la mano otra vez. Eso es fácil con un niño; con
un hombre ya no es lo mismo. ¡Aparta, digo! *(Lo aparta
bruscamente y llama en voz alta.)* ¡Abuela!...

*(A la última réplica aparece Mauricio en la terraza. Avanza
resuelto, con una ira contenida que le asorda la voz.)*

DICHOS Y MAURICIO.
Después, LA ABUELA E ISABEL

MAURICIO. — Sin voces. Cuando un hombre está dispuesto a todo no grita. Salga de esta casa conmigo.

OTRO. — ¿Puedo saber quién es usted?

MAURICIO. — Después. Ahora, en este mismo momento, la abuela va a entrar por esa puerta, ¿lo oye bien?
Si pronuncia delante de ella una palabra, una palabra sola,
lo mato.

OTRO. — ¿A mí...?

MAURICIO *(cortando).* — ¡Por mi alma que lo mato aquí
mismo! *(Se oye reír llegando.)* Silencio. *(Entra la Abuela
con Isabel.)*

ABUELA. — En mi vida había oído un disparate igual.
¿Serás tonta? Ir a decirme a mí que esa lucecita verde que
encienden las luciérnagas... Oh, perdón; creí que estaban
solos.

99

MAURICIO.—No es nada. El señor, que no conoce bien esto y se había confundido. *(Con intención.)* Yo voy a indicarle el camino. *(Desde la puerta.)* ¿Vamos?

OTRO *(avanzando resuelto).*—Vamos.

ISABEL *(con un presentimiento ante el tono de desafío que traslucen las palabras de los hombres).*—¡Mauricio! *(El Otro se vuelve sorprendido al oír su nombre. Mira fijamente a Isabel y a Mauricio.)*

MAURICIO.—Es un momento, Isabel. En seguida vuelvo. Por aquí... *(El Otro vacila. Por fin se inclina levemente.)*

OTRO.—Disculpen. Señora... *(Sigue a Mauricio. Isabel y la Abuela quedan inmóviles mirándoles salir.)*

Telón

SEGUNDO CUADRO

En el mismo lugar al día siguiente. En un rincón un baúl abierto. Sobre la mesa una maleta y ropa blanca. Isabel dobla la ropa en silencio. Genoveva termina de hacer el baúl.

ISABEL Y GENOVEVA

GENOVEVA.—Los zapatos abajo, ¿verdad?

ISABEL *(ausente).*—Abajo.

GENOVEVA.—Y los vestidos, ¿van bien, doblados así?

ISABEL.—Es igual.

GENOVEVA.—Igual, no; usted lo sabrá mejor que yo, que no he viajado nunca. ¿Es así?

ISABEL *(sin mirar).*—Así.

(Genoveva suspira resignada y cierra la lona. Se oye arriba el carillón. Isabel levanta los ojos escuchando. Cuatro campanadas.)

GENOVEVA.—Por su bien, ¿no ve que es peor callar? ¡Diga algo, por favor!

ISABEL.—¿Qué puedo decir?

GENOVEVA.—Cualquier cosa, aunque no venga a cuento; como cuando una tiene que pasar por un sitio oscuro y se pone a cantar. Con este silencio parece un entierro.

ISABEL.—Algo hay de eso. ¿Cuántos vestidos ha metido en ese baúl?

GENOVEVA.—Siete.

ISABEL.—Siete vestidos pueden ser toda una vida: el claro de la primera mañana, el de regar las hortensias, el azul de tirar piedras al río, el de aquella noche en que se quemó el mantel de fiesta con un cigarrillo. Ahora, ahí apretados, ya no hay fiestas ni hortensias ni río. Sí, Genoveva, hacer un equipaje es como enterrar algo.

GENOVEVA.—Lo malo no es para los que se van. Ustedes vuelven a lo suyo, con toda la vida por delante. Pero la señora...

ISABEL.—¿Habló con ella?

GENOVEVA.—Ni yo ni nadie; ahí sigue encerrada en su cuarto sin mover una mano ni despegar los labios.

ISABEL.—¿Pero por qué ese silencio como una protesta? Ya sabía que tarde o temprano tenía que llegar este momento. ¿Es mía la culpa?

GENOVEVA.—La culpa es del tiempo, que siempre anda a contramano. Recuerdo, cuando el barco iba llegando, que cada minuto parecía un siglo en esta casa. «¡El lunes, Genoveva, el lunes!» Y aquel lunes no llegaba nunca. En cambio, ahora, ¿cuándo pasó aquel día y el siguiente y los otros? Mi madre lo decía: hay un reloj de esperar y otro de despedirse; el de esperar siempre atrasa.

(Se le resbalan de entre las manos unos pañuelos.) Disculpe; no sé dónde tengo las manos.

ISABEL.—Al contrario. Gracias, Genoveva.

GENOVEVA.—¿Gracias por qué?

ISABEL.—Por nada; son cosas mías.

(Llega Mauricio de la calle, preocupado.)

GENOVEVA.—Volveré a lavarlos. Todavía pueden secarse. *(Sale hacia la cocina. Isabel se dirige impaciente a Mauricio.)*

ISABEL Y MAURICIO

ISABEL.—¿Hay alguna esperanza de arreglo?

MAURICIO.—Ninguna. Todo lo que se le podía ofrecer se ha hecho ya sin resultado. Dentro de unos minutos va a venir él mismo con la última palabra.

ISABEL.—¿Y vas a permitirle entrar en esta casa?

MAURICIO.—Desgraciadamente es la suya. Ni razones ni súplicas ni amenazas valen nada con él. Ese hombre viene dispuesto a todo y no dará un paso atrás.

ISABEL.—Es decir, que toda nuestra obra va a ser destruida en un minuto, delante de nosotros, ¿y vamos a presenciarlo con los brazos cruzados?

MAURICIO.—Es inútil que tú tengas la razón. Él trae la fuerza y la verdad.

ISABEL.—No te reconozco. Oyéndote hablar el primer día parecías un domador de milagros, con una magia nueva en las manos. No había una sola cosa fea que tú no pudieras embellecer; ni una triste realidad que tú no fueras capaz de burlar con un juego de imaginación. Por eso te seguí a ojos cerrados. Y ahora llega a tu puerta una verdad, que ni siquiera tiene la disculpa de su grandeza... ¡y ahí estás frente a ella, atado de pies y manos!

MAURICIO.—¿Qué puedo hacer? Al descubrir el juego

hemos puesto todas las cartas en su mano. Ahora ya no necesita pedir; puede jugar tranquilamente al chantaje. No hay nada que esperar, Isabel. Nada.

ISABEL.—Aún puedes hacer un bien en esta casa: el último. Confiésale tú mismo a la abuela toda la verdad.

MAURICIO.—¿Qué ganaríamos con eso?

ISABEL.—Es como quitar una venda. Tú puedes hacerlo poco a poco, con el alma en los dedos. No esperes a que él se la arranque de un tirón.

MAURICIO.—No puedo, no tendría valor. No quiero ver una herida que yo mismo he contribuido a abrir y que no soy capaz de curar. ¡Vámonos de aquí cuanto antes!

ISABEL.—¿A tu casa cómoda y tranquila? ¿A divertirnos fabricando sueños que tienen este despertar? No, Mauricio; vuelve tú solo.

MAURICIO.—¡No habrás pensado quedarte aquí!

ISABEL.—Ojalá pudiera. Pero tampoco quiero salir de esta vida inventada para volver contigo a otra tan falsa como ésta.

MAURICIO.—¿A dónde, entonces? ¿Piensas volver a tu vida de antes?

ISABEL.—Parece increíble, ¿verdad? Y sin embargo ésa es la gran lección que he aprendido aquí. Mi cuarto era estrecho y pobre, pero no hacía falta más: era mi talla. En el invierno entraba el frío por los cristales, pero era un frío limpio, ceñido a mí como un vestido de casa. Tampoco había rosas en la ventana; sólo unos geranios cubiertos de polvo. Pero todo a medida, y todo mío: mi pobreza, mi frío, mis geranios.

MAURICIO.—¿Y es a aquella miseria a donde quieres volver? No lo harás.

ISABEL.—¿Quién va a impedírmelo?

MAURICIO.—Yo.

ISABEL.—¿Tú? Escucha, ahora ya no hay maestro ni discípula; vamos a hablarnos por primera vez de igual a igual, y voy a contarte mi historia como si no fuera mía

ALEJANDRO CASONA

para que la veas más clara. Un día la muchacha sola fue
sacada de su mundo y llevada a otro maravilloso. Todo lo
que no había tenido nunca se le dio allí de repente: una
familia, una casa con árboles, un amor de recién casada.
Sólo se trataba, naturalmente, de representar una farsa,
pero ella «no sabía medir» y se entregó demasiado. Lo que
debía ser un escenario se convirtió en su casa verdadera.
Cuando decía «abuela» no era una palabra recitada, era un
grito que le venía de dentro y desde lejos. Hasta cuando el
falso marido la besaba le temblaban las gracias en los
pulsos. Siete días duró el sueño, y aquí tienes el resultado:
ahora ya sé que mi soledad va a ser más difícil, y mis
geranios más pobres y mi frío más frío. Pero son mi única
verdad, y no quiero volver a soñar nunca por no tener que
despertar otra vez. Perdóname si te parezco injusta.

MAURICIO.—Solamente en una parte. ¿Por qué te em-
peñas en pensar que esa historia es la tuya sola? ¿No
puede ser la de los dos?

ISABEL.—¿Qué quieres decir?

MAURICIO.—Que también yo he necesitado esta casa
para descubrir mi verdad. Ayer no había aprendido aún
de qué color son tus ojos. ¿Quieres que te diga ahora
cómo son a cada hora del día, y cómo cambian de luz
cuando abres la ventana y cuando miras al fuego, y
cuando yo llego y cuando yo me voy?

ISABEL.—¡Mauricio!

MAURICIO.—Siete noches te he sentido dormir a través
de mi puerta. No eras mía, pero me gustaba oírte respirar
bajo el mismo techo. Tu aliento se me fue haciendo costumbre, y ahora lo único que sé es que ya no podría vivir
sin él; lo necesito junto a mí y para siempre, contra mi
propia almohada. En tu casa o en la mía, ¡qué importa!
Cualquiera de las dos puede ser la nuestra. Elige tú.

ISABEL.—¡Mauricio...! *(Se echa en sus brazos.)*

MAURICIO.—¡Marta-Isabel! ¡Mi verdad! *(La besa largamente. Se oye la campanilla del vestíbulo. Se miran en*

sobresalto, abrazados. La campanilla vuelve a sonar, impaciente.) Ahí está. *(Va a salir a su encuentro. Ella lo detiene.)*

ISABEL.—¡Tú, no! ¡Déjame sola con él!

MAURICIO.—¿Estás loca?

(La Doncella pasa a abrir.)

ISABEL.—Quizá una mujer pueda conseguir lo que no has conseguido tú. ¡Déjame! *(Se besan nuevamente, rápidos.)*

MAURICIO.—Estaré cerca.

ISABEL.—No tengas miedo; ahora soy fuerte por los dos.

(Mauricio sale al jardín. Vuelve la Doncella.)

FELISA.—Es el mismo hombre de anoche. Pregunta por la señora.

ISABEL.—Dígale que pase.

(La Doncella va a obedecer. El Otro aparece en el umbral.)

FELISA.—No hace falta; por lo visto es su costumbre. *(El Otro le ordena salir con un gesto. Después avanza. Mira a Isabel de arriba abajo.)*

ISABEL Y EL OTRO

OTRO.—Mi falsa esposa, ¿no?

ISABEL.—Su falsa esposa.

OTRO.—Mucho gusto. Por lo menos no han elegido mal.

ISABEL.—Gracias.

OTRO.—Ya sé todo el tinglado que han armado aquí; las cartas, el matrimonio feliz, la emoción de la abuela. Una bonita fábula con moraleja y todo. Lástima que se acabe tan estúpidamente.

ISABEL.—No se ha acabado todavía.

OTRO.—Por mi parte, si quieren ustedes seguirla, ya saben el precio.

ISABEL.—Demasiado alto. Malvender esta casa; lo único que les queda a esos dos viejos para morir en paz.

OTRO.—También yo puedo caer en una esquina si vuelvo sin dinero. Mis amigos no entienden de fantasías, y en cambio tiran bien.

ISABEL.—¿Es su última palabra?

OTRO.—¿Otra vez? Su novio me pidió anoche un plazo para arreglar. Les he dado hasta ahora, y basta de largas. ¿Hay plata o no hay plata?

ISABEL.—Usted sabe tan bien como yo que es imposible.

OTRO.—Eso pronto vamos a verlo. Supongo que a la vieja la tienen encerrada en su cuarto, ¿verdad? No se moleste; conozco el camino. *(Avanza. Isabel le cierra el paso.)*

ISABEL.—¡Quieto! ¡Ni un paso más!

OTRO.—Le advierto que a mí no me han detenido nunca las mujeres que se ofrecen; las que amenazan, mucho menos. ¡Aparte!

ISABEL.—¡Por lo más sagrado, piénselo antes que sea demasiado tarde! ¿Sabe que una sola palabra suya puede matar a esa mujer?

OTRO.—No será para tanto.

ISABEL.—Desgraciadamente, sí. Sólo esta ilusión la mantenía de pie, y un golpe así puede serle fatal.

OTRO.—¿Tanto le interesa la vida de esa mujer?

ISABEL.—Más que la mía propia.

OTRO.—Entonces, ¿para qué perder tiempo? Podemos plantear las cosas como a mí me gusta; como un negocio redondo. Doscientos mil pesos vale la vida de la abuela. Barato, ¿no?

ISABEL.—¡Canalla...!

(Avanza con la mano crispada. Se abre la puerta de la izquierda y aparece la Abuela.)

EL OTRO, ISABEL, LA ABUELA

ABUELA.—¿Qué pasa aquí, Isabel?

ISABEL *(corriendo a ella).*—¡Abuela...!

ABUELA.—Si no me equivoco, el señor es el mismo que estuvo aquí anoche. *(Avanza unos pasos.)* ¿Busca a alguien en esta casa?

ISABEL.—A nadie. Sólo venía a despedirse. *(Suplicante.)* ¿Verdad que se iba ya, señor?

OTRO.—No he hecho un viaje tan largo para volverme con las manos vacías.

ISABEL.—¡Mentira! ¡No le escuche, abuela, no le escuche!

ABUELA.—¿Pero estás loca? ¿Qué manera es ésta de recibir a nadie? Discúlpela; está un poco nerviosa. Déjanos; parece que el señor tiene algo importante que decirme.

ISABEL.—¡Él no! ¡Se lo diré yo después, solas las dos!

ABUELA *(enérgica).*—¡Basta, Isabel! Sal al jardín y no vuelvas con ninguna disculpa hasta que yo te llame, ¿lo oyes? ¡Con ninguna disculpa! Déjanos.

(Isabel sale rápida ocultando el rostro. Pausa. La Abuela mira largamente al desconocido y avanza serena.)

LA ABUELA Y EL OTRO

ABUELA.—Por lo visto debe ser cosa grave. *(Se sienta.)* ¿Quiere sentarse?

OTRO.—No, gracias. Con pocas palabras va a ser bastante.

ABUELA.—¿De modo que ha hecho un largo viaje para hablar conmigo? ¿De dónde?

OTRO.—Del Canadá.

ABUELA.—Un hermoso país. Mi nieto llegó también de allá hace unos días. ¿Conoce a mi nieto?

OTRO.—Mucho. Por lo que veo, mucho mejor que usted misma.

ABUELA.—Es posible. ¡Yo he estado separada de él tanto tiempo! Cuando se fue de esta casa...

OTRO.—Cuando lo expulsaron sin razón.

ABUELA.—Exacto. Cuando el abuelo lo expulsó de esta casa, tuve miedo por él. Era un cabeza loca; pero yo estaba segura de su corazón. Sabía que le bastaría acordarse de mí para no dar un mal paso. Y así fue. Después vinieron las cartas, la nueva vida, y por fin él mismo.

OTRO.—Conozco el cuento; lo que no me explico es cómo ha podido tragárselo a sus años.

ABUELA.—No comprendo.

OTRO.—Dígame, señora, ¿no se le ocurrió nunca sospechar que esas cartas pudieron ser falsas?

ABUELA.—¿Falsas las cartas?

OTRO (brusco).—¡Todo! Las cartas, y esa historia ridícula, ¡y hasta su nieto en persona! ¿Es que se ha vuelto ciega o es que está jugando a cerrar los ojos?

ABUELA (se levanta).—¿Pero qué es lo que pretende insinuar? ¿Que ese muchacho alegre y feliz que está viviendo bajo mi techo no es mi nieto? ¿Que el mío verdadero, la última gota de mi sangre..., es este pobre canalla que está delante de mí? ¿Era eso lo que venías a decirme, Mauricio?

OTRO.—¡Abuela...!

ABUELA.—¿Y para dar este golpe a una pobre mujer has atravesado el mar? Puedes estar orgulloso. ¡Es una hazaña de hombre!

OTRO.—¡Acabáramos! ¿De manera que también tú estabas metida en la farsa?

ABUELA.—No. Yo no lo supe hasta anoche. Aquel segundo que te vi aquí me abrió los ojos de repente; después no me costó trabajo obligar al abuelo a confesar. ¡Era algo tan atroz que mis entrañas se negaban a creerlo! Sólo una esperanza me quedaba ya: «por lo menos, delante de mí no se atreverá». Y he esperado hasta el último momento una palabra buena, un gesto de piedad, una vacilación siquiera... ¡algo a qué poder aferrarme para perdonarte aún! Pero no. Has ido directamente a la llaga con tus manos sucias... ¡adonde más dolía!

OTRO.—No podía hacer otra cosa, abuela. ¡Necesito ese dinero para salvar la piel!

ABUELA.—Conozco la cifra; acabo de oírtela a ti mismo: doscientos mil pesos vale la vida de la abuela. No, Mauricio, no vale tanto. Por una sola lágrima te la hubiera dado entera. Pero ya es tarde para llorar. ¿Qué esperas ahora? ¡Ni un centavo por esa piel que no tiene dentro nada mío!

OTRO.—¿Vas a dejarme morir en la calle como un perro?

ABUELA.—¿No es tu ley? Ten por lo menos la dignidad de caer en ella.

OTRO *(con una angustia ronca).*—¡Piensa que no solamente pueden matarme; que puedo tener que matar yo!

ABUELA.—¡Por tu alma, Mauricio, basta! Si algo te queda de hombre, si algo quieres hacer aún por mí, sal de esta casa ahora, ¡ahora mismo!

OTRO.—¿Tanto te estorba mi presencia?

ABUELA.—¡Ni un momento más! No ves que se me acaban las fuerzas, que me están temblando las rodillas... ¡y que no quiero caer delante de ti! ¡Fuera!

OTRO.—¡Tuya será la culpa!

ABUELA.—¡Fuera! *(El Otro, con un gesto crispado, sale bruscamente. La Abuela, vencida, cae sollozando en su poltrona.)* ¡Cobarde...! ¡Cobarde...!

(Pausa. Entra el señor Balboa y acude a ella.)

BALBOA.—Mi pobre Eugenia... ¿No te dije que iba a ser superior a ti?

ABUELA.—Ya ves que no. El dolor fuerte pasó ya. Lo malo es la huella que deja: esa pena que viene después en silencio y que te va envolviendo lenta, lenta... Pero a ésa ya estoy acostumbrada; somos viejas amigas. *(Se rehace.)* Los muchachos no habrán oído nada, ¿verdad?

BALBOA.—¿No piensas decírselo?

ABUELA.—Nunca. Les debo los días mejores de mi vida. Y ahora soy yo la que puede hacer algo por ellos. *(Se levanta. Llama en voz alta.)* ¡Mauricio! ¡Isabel...!

BALBOA.—¿Pero de dónde vas a sacar fuerzas?

ABUELA.—Es el último día, Fernando. Que no me vean caída. Muerta por dentro, pero de pie. Como un árbol.

(Entran Isabel y Mauricio.)

ABUELA.—¿Qué caras tristes son ésas? Ya habrá tiempo mañana.

ISABEL.—¿Se fue ese hombre?

ABUELA.—En este momento. ¡Qué tipo extraño! Dice que ha hecho un viaje largo para hablarme, se queda mirándome en silencio, y al final se va como había venido.

MAURICIO.—¿Sin hablar?

ABUELA.—Parecía que iba a decir algo importante. Pero de pronto se le quebró la voz y no pudo seguir.

ISABEL.—¿Y no dijo nada? ¿Ni una palabra siquiera?

ABUELA.—Una sola: perdón. ¿Tú lo entiendes? Algún loco suelto. ¿Cerraste el equipaje?

ISABEL.—Todavía hay tiempo.

ABUELA *(al Abuelo)*.—Córtales un tallo del jacarandá; les gustará llevárselo como recuerdo. De la ventana. *(Balboa sube lentamente la escalera.)* Ah, y la receta del licor, no se nos vaya a olvidar a última hora. ¿Tienes lápiz y papel?

MAURICIO.—Sí, abuela. *(Se lo entrega a Isabel, que se sienta a escribir a la mesa.)*

ABUELA.—Anota, hija, y a ver cómo te sale. Todas las mujeres de esta casa lo hemos hecho bien. Anota: agua destilada y alcohol a partes iguales. *(Tono íntimo.)* ¿Cuándo sale el avión?

MAURICIO.—Mañana al amanecer...

ABUELA.—¡Mañana...! Mosto de uva pasa, un cuarto, Moscatel si puede ser. *(Vuelve al tono íntimo).* ¿Me seguirás escribiendo, Isabel?

ISABEL.—Sí, abuela, siempre, siempre.

ABUELA.—¡Me gustaría ver los grandes bosques y los trineos...! Dos claras batidas a punto de nieve. Y el día de mañana... cuando tengáis un hijo... ¿Un hijo...? *(Queda como ausente en la promesa lejana. Isabel suelta el lápiz y oculta el rostro contra el brazo. Mauricio le aprieta los hombros en silencio y le devuelve el lápiz.)* Cáscara de naranja amarga, bien macerada... Una corteza de canela en rama para perfumar... Dos gotas de esencia de romero...

Telón final